老子

中國第一經

【道德經】被世人譽為萬經之王。

【道德經】是除了《聖經》之外，被譯成外國文字發行量最多的名著。

人法地，地法天，天法道，道法自然。

道生一、一生二、二生三、三生萬物。

道，可道，非常道；名，可名，非常名。

《紐約時報》評選老子為古今十大作家之首。

尼采稱《老子》：「像一個不枯竭的井泉，滿載寶藏，放下汲桶，唾手可得。」

海德格認為自己「最直接地從《老子》中獲取思想資源」。

明太祖朱元璋：「朕雖菲材，惟知斯經乃萬物之至根，王者之上師，臣民之極寶。」

秦榆【著】

前言

老子是公認的百家之祖，是中國古代文化的奠基人，老子的思想對中國的思想史、文化史、宗教史都有巨大而深遠的影響，被譽為「東方巨人」、「中國和世界的第一哲人」。

老子的思想主要展現在《老子》（又稱《道德經》）一書中。《老子》是一部歷代學者已經研究兩千多年的偉大著作，雖然它僅有五千言，但內容涉及哲學、文學、美學、社會學、倫理學、軍事學等許多領域，儼然一部精微的百科全書；更重要的是它體系完備，構造出樸素、自然、宏大的框架，被人稱為「萬經之王」。

《老子》分為上下兩篇，上篇起首為「**道可道，非常道；名可名，非常名**」，所以被稱為《道經》；下篇起首為「**上德不德，是以有德；下德不失德，是以無德**」，所以被稱為《德經》。《道經》講述宇宙的根本，道出天地萬物生成及變化的玄機；《德經》主要說的是處世和治國的方略，闡述人事的進退之術。《老子》一書中的智慧源於老子對世事人情的深刻洞察，時局的動盪、社會的不安定、人事的紛爭、生命的無常……都深刻地影響到老子的思想，並且反映在《老子》一書中。

《老子》很早就受到國外思想家的重視，各種專門對它進行研究的著作層出不窮，近幾年國外甚至出現幾次研究老子思想的熱潮，一大批專家學者投身其中，樂此不疲。德國哲學家尼采稱《老子》「**像一個不枯竭的井泉，滿載寶藏，放下汲桶，唾手可得**」；存在主義哲學家海德格爾認為自己「**最直接地從《老**

子》中獲取思想資源」。西方學者閱讀老子，大多是希望能從中獲取拯救西方文明危機的良方。他們發現《老子》對人與自然關係的理解以及為人處世的方法，對彌補西方文明中的精神失落和強權意志都具有積極的意義，他們對《老子》寄予深切的期望。

雖然《道德經》具有如此高的思想價值，現代的一般讀者想要完全理解它可是十分不易，它是非常難懂的。我們編寫這本書的目的就在於讓《道德經》變得盡可能通俗，盡可能貼近我們的現實生活。古人說「詩無達詁」，還說「聖人難知」，因此可以理解為什麼人們對老子思想會眾說紛紜。我們在這本書的編寫過程中一度誠惶誠恐，害怕一不小心就「念歪老祖宗的經」，即使字斟句酌，但是由於程度所限，其中紕漏肯定在所難免，懇請廣大讀者批評指正。

目錄

第二章：快樂生存的智慧

人如何才可以快樂？老子說不喪失純樸的本性，摒棄欲念的牽絆，懂得知足，掙脫束縛我們的精神枷鎖，我們就可以快樂。

第三章：做人要有自知之明

老子說，真正的大丈夫有自知之明，並且可以自勝自強。他立身敦厚，存心樸實；他待人友善，有同情心，寬容，謙虛，勇於承擔責任，他是一個頂天立地的人。

第四章：高人一籌的做事法則

萬物都有其內在的規律可循，做事也是如此。為什麼有些人功成名就，有些人卻頭破血流？與做事功夫的高低有重要的關係。

第五章：動靜由心的人際交往

人是社會中的人，社會性是人的根本性質之一，所以誰都離不開人際交往。在人際交往中把握分

第六章：精絕微妙的說話藝術

語言是人思想的外化。美好的語言使人獲得聲名，聰明的語言助人事成，糟糕的語言讓人遭殃，而無聲的語言——沉默，它的力量深不可測。

第七章：豐富多元的學習方法

教育要培養全面發展而和諧的人，要根據受教育者的成長規律和個性特徵因時因材施教。善於學習，博採眾長並且可以融會貫通，我們就可以博大淵深。

第八章：面對生命的正確態度

懂得生命的珍貴，才會珍惜生命。心態積極，不違背客觀規律，自然而然，我們就會健康，就會長壽，而最好的長壽之法莫過於讓精神永存世間。

第九章：無為而無不為之道

以「無為」達到「無不為」是老子管理之道的精髓。學會識別人才並且尊重人才，也是管理者的必修課。

第十章：無往不勝的商戰韜略

以誠信為立商之本，定位準確，抓住機會，穩紮穩打，懂得讓利與合作，防範商業危機，我們就可以在激烈的商戰中立於不敗之地。

附錄：《道德經》全文

第一章：老子與《老子》

大徹大悟的老子在世間留下五千言，這五千言博大精深，包羅萬象，歷經數千年而光芒不滅，老子思想猶如一個巨大的寶庫等待我們去深度挖掘。

老子的生平

老子姓李，名耳，字聃。老子一生下來，他父母就發現這個孩子耳朵特別大。古人喜歡從一個孩子的特徵來取名，於是替老子取名為李耳。老子又叫老聃，聃就是耳朵大的意思，也有人說是耳朵沒有耳輪。

有人肯定要問，孔子姓「孔」才叫孔子，孟子姓「孟」才叫孟子，他姓「李」應該叫「李子」，為什麼要叫「老子」？《史記正義》引的有關材料，其中有一條說：「李母懷胎八十一載，逍遙李樹下，迺割左腋而生。」老子的媽媽懷孕竟然長達八十一年，那一天快要生產，她來到一棵李樹下，割開左腋，生下老子。老子一生出來已經有八十一歲，連鬍鬚眉毛都白了，人家自然也就稱他為「老子」！但是，學者還有文雅的說法，《史記正義》就另有一說：老子是一個名號，「老」是「考」的意思，「子」就是「孳」的意思，也就是「考教眾理，達成聖孳，乃孳生萬物，善化濟物無遺也」。他研究許多的道理，善於育化別人，濟物又沒有遺留，神聖地孳生出萬物，因此就叫他老子。當時，稱人的字是表示尊敬，稱「老」更是對師長輩的尊稱，與現在稱「老某」只是一般的稱呼或是稱「某老」才是尊稱不同。

然而，老子到底是怎樣的一個人，還真是一個難題。歷史學家司馬遷寫下五十二萬六千多字的《史記》，但是在為老子這位道家聖人作評傳時，只寫了四百五十多個字。這是沒有辦法，因為材料太少，司馬遷治學又很嚴謹。他一開頭寫了二十七個字：

老子者，楚苦縣厲鄉曲仁里人也，姓李氏，名耳，字聃，周守藏室之史也。

這是介紹老子的籍貫、姓氏、職務，老子是楚國的苦縣厲鄉曲仁里人。這個苦縣厲鄉曲仁里在哪裡？

有人說在現在的河南鹿邑縣城東，現在那裡還有許多有關老子的遺跡。但是，也有學者認為老子的故鄉在安徽的渦陽地區。

《史記》記載，他是「周守藏室之史」，這個職務，現在許多研究《老子》的學者認為是周王室的圖書管理員，一個小官吏；但是，從《莊子》、《史記》的有關資料看，「周守藏室之史」這個官可不小。《莊子》記載，孔子第一次去拜見老子，是為了讓自己的著作能被周王室所收藏。子路給孔子出主意說，聽說原來的徵藏吏老聃現在退休回家，可以去走走他的門路。在書寫條件十分落後、又沒有印刷術的情況下，著書立說能被王室收藏，非常不容易。退休的老子還有這樣大的影響力，可見其地位之高。

但是老子的作用還不僅於此，他這個藏室應該不僅有圖書，而且有文物和檔案，以及其他的東西，這就可能兼有像我們現在的國家圖書館、國家博物館、國家檔案館這樣的情況。老子就是把這些東西結合在一起管理的這麼一個館長。這樣比擬後，如果我們再往深層思考，就發現一個秘密，為什麼他寫下的五千多個字就成為中國的一大經典、世界上的一大智慧？為什麼他有這麼大的學問？為什麼他的思想這麼深刻？這從他的職業，從他的工作崗位，我們也許可以找到其中的秘密。

他做國家圖書館的館長，兼做檔案館、博物館的館長，擁有特別豐富的知識與智慧的源泉。第一，他看到的東西遠遠不是一般人所能看到的。他看到的圖書、檔案、文物，當然大大超過一般人，因為一般人沒有這樣的便利條件。他不僅可以看到大量的東西，而且可以看到許多秘密的東西，甚至機密的東西。第二，我們可以再想，他既然是那個時候國家級的館長，當時的一般人不能到那裡去查閱圖書，到他那裡的人，必然是高層次的文化人，高層次的學者，他碰到的就是這些高層次的文化人和學者，並經常與他們進行交流，他的知識和智慧在不斷地豐富起來。第三，他這個職位在京城，處於王朝、政權的中心。因此，他不僅可以知道大量的歷史資訊，而且可以和當時王朝政權的核心頻繁接觸，也就是說：他可以獲取大量王朝的時代資訊。再加上老子的天分聰慧，悟性極高，有這樣的智慧，有這樣的素質，又處在這麼優越的條件下，當然靈性煥發，有那麼深邃的學問，會成為中國的哲學之父。

司馬遷在開頭的介紹後，又極其簡單地用一百六十一個字記敘孔子向老子學習的事，用六十七個字寫了老子出關的事，再後來就拿不準，只能記下有些人這樣說，有些人又那樣說。司馬遷在此文中提到幾個有關人物：一是老萊子，為楚國人，與孔子同時；二是「自孔子死之後百二十九年」有一位「太史儋」，曾經見過秦獻公；三是戰國時期魏國將軍李宗的父親。然而這些人到底是否即是老子，也只是「或曰」、「世莫知其然否」。這就是說，世上沒有人知道那些說法是對，還是不對。再例如：有人說老子活了一百六十多歲，有人說活了二百多歲……也都不可考證，大約老子是一位特別長壽的人。

至於到底誰是老子，後世爭論很多。有些學者認為，當時李姓還沒有形成，老姓卻已經有了；有些學者說老子字伯陽，諡號聃。有些學者認為，老子即太史儋，或說即老萊子。有些學者認為有兩個老子，例如：春秋時一個是老子李耳，戰國時一個「老子」是太史儋……因此從司馬遷的《史記》一直到現代，關於老子其人以及《老子》其書的見解很多。

關於老子其人的時代，近現代學者也還有不同看法：一說老子是春秋末年的人，比孔子早些。一說老子是戰國中前期人，應該比孟子早，比墨子晚。一說老子是戰國末期人，比莊子晚。結合當今的出土文物來看，大部分學者都認為老子是春秋末期的人似乎更合理一些。

老子的故事

中國的民間文化累積豐厚，不僅有豐富的民間故事，還有美麗的神話、動人的仙話，老子的神話、仙話就不少。

孔子向老子求教

孔子很謙虛好學，當時老子名聲很大，孔子決定去拜見老子，向他請教禮的問題。於是孔子一路風塵僕僕地從魯國山東曲阜來到周王都洛陽。

那天老子剛洗頭，正在晾頭髮。孔子一踏進門就被眼前的情景弄傻了，只看見老子披著長長的散髮，迎風而立，微微抬頭，雙目似閉又似開著，面上似笑又不笑，神情似醒又非醒。樹葉飄過，不動聲色；風吹拂臉，聲色不動，就像一株枯樹挺立在那裡！孔子心裡打一個問號：這就是當代最有名望的思想家和學問家老子？怎麼會是這個模樣，像一個枯木？但是孔子很有禮貌，不打擾老子，而是先退下去，靜靜等待著。

當老子會見孔子和他談論時，孔子好像被老子帶到一個神奇的智慧世界，看到從來沒有看到過的智慧，聽到從來沒有聽到過的哲理。

孔子很真誠地又很直率地問老子：「先生，是我眼花，還是真的，剛才先生的形體就和枯木一樣，好像超脫一切！」老子微微一笑，講出一番深刻的哲理。原來老子利用晾頭髮的時候，完全進入一個寂靜的、虛無的、深邃的奇妙世界，遨遊到萬物本來開始的地方，即事物的生機活潑的原生態中。孔子感到奇怪地問：「這種情況又是怎樣？」老子神秘地一笑說：「到達這種境界是最高層次的審美，是最高層次的快樂，可以體會到這些的就是最高境界的人！」孔子的心靈被震憾了，老子的形象在他心目中變得無比高大，無比智慧，無比光輝！

據說孔子拜見老子回去以後，幾天沒有講話。學生們納悶的說，我們的夫子怎麼了？其實孔子是在對自己進行深刻的反思。孔子從此以後變得眼界更開闊，思想更博大，智慧更豐富！後來孔子深深感嘆地說：「真是了不起，老子是人中之龍，我就像甕罐中的一隻小小的飛蟲！」

孔子的學生不懂，請問老師，為什麼稱老子是龍？孔子說：「如果是一隻鳥，我當然知道會飛；如果是一條魚，我當然知道會游；如果是一隻野獸，我當然知道會跑。是鳥，就可以用箭射牠；是魚，就可以用線釣牠；是野獸，就可以用羅網捕牠。至於一條龍，我就不知道牠是怎樣乘著風、駕著雲遨遊太空的。所以說老子是龍！」（詳見《莊子》）

老子出關

老子後來看到周王朝越來越衰弱，衰敗得不像話。於是，在五十六歲那年辭官不做，告老還家。他決定出走，要遠走高飛。

老子騎上青牛，離別家鄉，一直往西，準備到秦國講學。到秦國，到西域，就要經過函谷關（另一種說法是大散關）。函谷關原來大概就在現在的河南靈寶縣，後來關口移到現在的河南新安縣。這裡兩山對峙，中間一條小路，因為路在山谷中，又深又險要，就像在匣子裡一樣，所以取名為函谷關。

把守函谷關的關令名叫尹喜，他夜觀天象，見紫氣橫空，知道必有貴人來臨。就派人四下打聽，看近來有誰要來函谷。不久就打聽到老子棄官西遊，將要赴秦講學，從函谷關路過。

關令尹喜早已仰慕老子盛名，知道他生性善良，慈愛百姓，道高德崇，學問淵博，能知天上陰陽，人間禍福，懂得世間萬物既對峙又和合，發展變化無不循道而行，是一個非常有智慧的人物。於是，他派人嚴密把守函谷關，將吊橋豎起，如果見到老子，留著不讓他走，請他在這裡住一段時間，寫一部書，一來可以修身齊家，治國安邦，二來可以流傳後世，教化子孫。

這天忽然風送異香，霞光升起，老子騎著青牛徐徐而來。老子來到城壕外邊，見吊橋高豎，無法通過。青牛善知主人心意，看到此種情況，牠兩眼一瞪，尾巴一擰，四蹄頓生紫雲，馱主人騰空而起。牛身下雲朵湧動，錯落連環，自東往西，越伸越長，霎時在函谷關上空彷彿搭起一座紫色的「天橋」。老子就這樣過了函谷關。青牛落到地上，馱著主人，繼續西行。

尹喜聽說老子騎青牛從城頭上飛過，十分驚奇，就騎上白馬，領著隨從，出西門，一直追趕老子，追了十二里，見老子正騎牛緩緩而行。尹喜急忙下馬，上前拜見老子，向他說明自己的心意，請他答應請求。關令尹喜知道他要遠走高飛，就一定要讓這位當代最著名的思想家留下他的智慧，於是纏著他，要他寫一點著作。開始老子不答應，經關令尹喜再三懇求，老子才答應他的要求。

關令尹喜把老子請回函谷關，盛情招待，十分尊敬，不僅一天三宴，三天九宴，而且親自鋪床疊被，早晚問安。盛情難卻，老子就在函谷關寫下五千言的《道德經》。書稿完成後，即辭別關令尹喜，騎青牛離開函谷關，繼續西行。這就是歷史上有名的「老子過函谷」。

有趣的是，老子騎坐的「青牛」也成為道教文化中的一個著名的意象，青牛後來成為神仙道士的坐騎。到後來，「青牛」也成為老子的代名詞，所以老子又被稱為「青牛師」、「青牛翁」。

老子趕山

現在的河南鹿邑縣城內的東北角上有一高約十三公尺的高台，叫「老君台」。台上有座老子廟，廟前埋有一根碗口粗的鐵柱子，被當地人稱為「趕山鞭」。相傳老子曾經在這裡講學，此地離老子家有好多路，老子來來往往都要經過一座「隱陽山」。這座山很高，遮天蔽日，山北見不到太陽，冰天雪地，寸草不生。山南又烈日當空，莊稼枯死，這座山讓當地老百姓受盡苦難。老子目睹這一切，雖想解救百姓，但心有餘而力不足。後來騎青牛飛過函谷關，知道自己已經成仙，於是要青牛一起飛回家鄉去治理那座山。到了家鄉，老子一鞭子打在隱陽山上，山頂削去了，並且飛到山東，成為泰山。再一鞭子打去，把山腰打到河南，成為平頂山。這個時候，鞭梢甩斷，甩斷的鞭子飛到山西。老子一看手中的鞭子只剩下一個杆子，就順手插在地上，這就是這個鐵柱子的來歷。老子又乘青牛飛走了，而那鞭子杆就永遠留在那裡。百姓感謝老子趕走這座大山，因為從這以後老子家鄉的百姓就過著風調雨順的好日子。百姓就把老子揮鞭趕山時站立的土台叫「升仙台」，將地上的鐵柱子稱「趕山鞭」。唐高祖李淵尊老子為「太上老君」，所以當地人又把這個台稱為「老君台」，還修了廟，進行祭祀。

《老子》的微言大義

有人認為，《老子》僅僅五千多字就可以包羅萬象，世界上什麼事情都說到了，任何問題都可以在書裡找到答案；甚至認為讀通《老子》，可以得道成仙。有人認為這是一本宣揚消極避世哲學的書，什麼「不敢為天下先」，也許對奮鬥遭受挫折、有失落感的成年人有撫慰的作用，卻對培養青少年積極進取的精神有妨礙。還有人批評《老子》把「小國寡民」作為理想境界，是要開歷史倒車，回到生產力低下的原始社會。至於說《老子》是站在沒落奴隸主階級立場上，宣揚唯心主義和陰謀權術，這樣的觀點現在已經不太有人提，但是持有這樣觀點的人其實也不在少數。

另一方面，根據聯合國教科文組織的一項統計，《老子》是被譯成外國文字發行量僅次於《聖經》的世界文化名著。雖然《老子》在中國流傳兩千多年，但是以前《老子》的注譯本，存在大量的誤讀與曲解，根據以往的中文注譯本翻譯的《老子》外文本，自然也會錯得很嚴重。所以，其實世界上大多數人瞭解的《老子》，與《老子》的本來意思是有很大距離的，有些地方甚至是南轅北轍的。流傳兩千多年，目前世界上擁有讀者眾多，而其本意還尚未弄清楚，真正的價值當然遠未被人認識，這樣奇異而矛盾的現象，怎麼會發生在《老子》這本書上？《老子》又是怎樣的一本奇書？

《老子》是中國第一本哲學著作。《周易》也是一本哲學著作，而且成書年代比《老子》早得多，之所以《老子》是中國第一本哲學著作是因為《周易》的經文中雖然包含許多樸素的哲理，但全書基本上還是以占卜為主。直到孔子與他的弟子寫出許多闡釋《周易》的篇章，才將《周易》的哲理提升並且系統

化，連同《周易》才成為一部哲學著作。所以，《周易》成書雖然在《老子》之前，提高到哲學書的地位卻在《老子》之後。

《老子》首先是一本政治哲學著作，而且是專對侯王（諸侯與國王）進行說教的政治哲學著作。西周重教化，開辦官方的學校，培訓王公貴族及其子弟與官吏，這官方學校學的內容叫「王官之學」。我們現在看到保留在「四書」裡的「王官之學」，其實只是官學，是培訓官吏用的，《老子》裡說的才是王學。

除了《老子》，世界上幾乎所有的政治哲學，都教授統治者怎麼做大做強，政治哲學理所當然地成為強者的哲學、大者的哲學。《老子》則反其道而行之，要侯王「受邦之垢」、「受邦不祥」。就憑這一條，《老子》就高居於世界哲學的頂峰，何況《老子》哲學是一個有本體論的嚴密、深邃、完滿的體系，《老子》是中國第一個自覺運用哲學思維來觀察、研究、解決實際問題的範例。又因為在老子的觀念中，侯王應該是「聖人」，也就是品格高尚的人，侯王只有憑他的道德和修養，才可以長久而穩固地擁有統治大權，才可以「沒身不殆」；所以，《老子》的政治哲學實際又是好人哲學，可以順理成章地推廣和引申到哲學的各個層面，甚至在後世創立道教時祓引為修身經典。所以有人說：「中國迄今為止的所有哲學思想、流派都在《老子》創立的哲學體系的覆蓋之下。從世界範圍看，其思想高度可以和佛教哲學比肩而立，比古希臘哲學可能還要高出一籌。」

《老子》中有兩個極為重要的概念，即「道」和「無為」（由「道」和「無為」雙衍生出一個新的概念——和諧，由於這個概念十分重要，我們將在下一節詳細論述）。這兩個概念非常抽象，很不容易令人理解，在本書中又將多次涉及，以下分別闡釋它們各自的內涵。

「道」這個哲學概念，首經老子提出。這個具有東方神秘主義色彩的名詞，在《老子》一書中頻頻出現，它有時候顯示宇宙天地間一種無比巨大的原動力，有時候又在我們面前描畫出天地混沌一片的那種亙古蠻荒的狀態，或是展示天地初分、萬物始生、草萌木長的一派蓬勃生機……從老子對「道」的各種構想中，我們完全可以體會到他對「道」的那種近乎虔誠的膜拜和敬畏。老子對「道」的尊崇，完全源於對自然和自然規律的深信不疑，這完全有別於那個時代視「天」（或稱為「神」）為絕對權威的思想觀念。老子的「道」具有一種對宇宙人生獨到的悟解和深刻的體察，這是源於他對自然界細緻入微的觀察和一種強烈的神秘主義直覺。這種對自然和自然規律的深切關注，是構成老子哲學思想的基石。

「無為」的含義有六重：

其一，老子說的「無為」通常就是指不做。不是少做，而是不做。不是隨便，而是絕對的堅持。這個時候的「無為」拒絕一切，是一種智慧的高姿態。

其二，無為就是「勿為」，指不要去做。這是對「不做」這個自我意志的外化，要求別人或自己不要做某事，這本身就是一件事。用事來做事就會陷入事的連環套，多不能得。所以要用人來做事，不要用事來做事。要求別人或自己「勿為」通常是無效的。所以老子自己也承認：「我說的道理是有根據的，也很好懂，可是沒有人理解我。」

其三，無為就是「無以為」，指條件不具備，以至無法下手，無從開展。這個時候的「無為」，是一種缺憾事。

其四，無為就是「以無為之」，指不受約束地做事，用無所謂或無所顧忌、甚或無法無天的態度、方法做事。以無為之是一種極高境界，它既不是用事做事，也不是用人做事，而是用「道」做事，人甘當「道」的工具，把自己交出去是自由的，這個時候往往不重結果，而重在享受過程。

其五，無為就是「為無」，指做事追求零結果、零效果，不求得失而求均衡，不求勝負而求和諧。這是一種極高境界，「為無」已經是道本身。佛經說：「不增不減，不淨不垢。」《古蘭經》說：「他（指安拉）既不生育，他也不被生育。」這就是「為無」的最好詮釋。

其六，無為就是「自為」，指自己規定自身，讓外力失效。黑格爾說：「這個時候，它（指意志）是自為的自由的，是以自由為對象的，它就是自由。」自為就是自由，其程序有三：一是清除外力，不再「他為」；二是自己做自己，自為主宰；三是自己也不做自己，消失主宰，任一切隨便。

但是由於繼承和總結中國上古推舉制氏族社會政治理念的《老子》，不合宗法制封建社會與宗法制集權社會統治者的心意，因此，韓非子第一個以《老子》繼承發揚者的面目，用「解老」「喻老」的方式，將民本的《老子》篡改為君本的耍陰謀權術的《老子》。即使在吸取秦朝迅速滅亡的教訓，實行「黃老之術」的漢初，也是外黃老而內法，到漢武帝獨尊儒術之後，《老子》則被從廟堂（朝廷）放逐到民間，變成政治上失意的知識份子尋求精神解脫的讀物。對《老子》的嚴重誤讀與曲解，主要是由此而生的。

抹去歷史的塵埃，我們現在讀《老子》，不禁為中華民族在兩千五百多年前就產生這樣偉大的思想家、哲學家而感到驕傲，並且我們可以運用《老子》的智慧來提高我們的道德修養與精神境界，改進我們的思想方法，分析、研究、解決現實問題。

《老子》不是老古董，在當今世界仍然充滿生命活力，煥發熠熠光輝。按照《老子》的教誨去看世界、學做人，你一定會覺得內心充實，精神舒暢，心胸坦蕩。祖先留給我們這麼一筆豐厚的遺產，我們有什麼理由不繼承。古人說：「夫取法於上，僅得其中；取法於中，不免為下」，「天與不取，反受其咎」，因為忽略《老子》優秀的人文精神，中華民族文化裡累積多少負面、消極、殘忍的東西。當今世界也是物欲橫流，我們多麼需要用老子思想的清流來滌蕩汙濁。

中華民族有悠久燦爛的傳統民族文化，老子作為中國古代一位偉大的哲學家和思想家，他的哲學思想，內容博大精深，影響將永遠不會泯滅。

老子的和諧思想

「道」是老子哲學的最高範疇，老子的和諧思想是以「道」為基礎，具體表現在以下幾個方面：

道是和諧的

老子認為道是本原，所以道生萬物，它可以包容一切，統攝一切，一切事物統一於道。「萬物負陰而抱陽」，「一陰一陽謂之道」，陰陽兩性的變化是有序的，所謂「陰陽相推」，就是指陰陽的有序變化。道就是事物的和諧統一關係，道就是和諧，和諧是道的基本特徵。道不僅是對萬事萬物的系統性、整體性的概括，而且是對萬事萬物發展過程的高度抽象和概括。「無」和「有」都來自道，是道的不同角度的名稱。道是萬物的本體和來源，天地萬物都是由道演化而來。道不是物質性實體，也不是精神性實體，它是一切關係的總和，是整體和諧關係，是萬事萬物的總根源。道作為本原，是渾然一體的東西。老子指出，「道之為物，惟恍惟惚」，「其中有象」，「其中有物」，「其中有精」。就是說，道無處不在，恍恍惚惚，在無形之中有事物的影像；在依稀隱約之中有具體的物質；在深遠幽暗之中有真實的東西，即陰陽的和諧關係。總之，道在表面上是無序的，但實質上卻是有序的、和諧的。老子說：「知和曰常，知常曰明。」老子的話告訴我們，和諧是道的規律，認識和諧就可以認識道的無形、道的玄妙、道的規律。

道的運動是和諧的循環運動。老子指出：「道者萬物之奧。」就是說，道是萬事萬物運動的規律。道存在於一切事物之中，貫穿於一切事物發展過程的始終，萬物從道起源，又回歸於道，「各復歸其根，歸根曰靜，復命曰常」，返回本性是事物發展的永恆規律。老子指出：「反者道之動。」就是說，道是周而復始的，循環往復的運動的。周而復始的循環圈本身就是一種和諧有序的結構。再者，道的運動過程也是在陰陽的相互作用下進行的，運動從起點開始，逐漸離開，越離越遠，到達一定限度又返回來，回到出發點，由此構成一個環形結構。道就是這樣的系統，它包括兩個基本的要素：反和復，「反」指的是離開的過程，它可以包含若干階段；「復」指的是返回來，它也可以包含若干階段。老子用一個「反」字表達兩重含義，即「反」是反與復的統一，二者構成運動的和諧結構，老子經常用「歸根」，「復命」這些語彙，指的都是和諧循環的意思。

矛盾雙方是和諧的

老子的道論，講述許多的辯證法思想，他認為自然和社會中存在矛盾，例如：福與禍，美與醜，善與惡這些矛盾，它們共處於一個統一體中，互為存在條件，相互依賴，相互依存，相互滲透。災禍、幸福依傍著它；幸福、災禍潛伏其中。老子認為，美與醜、善與惡都是相比較而存在的，美是相對於醜而言，善是相對於惡而言；美與醜、善與惡又都相互包含，相互依存，並在一定條件下相互轉化。沒有絕對的美，也沒有絕對的善，美和善都是相對的。一切以時間地點條件為轉移，美和善不是孤立存在的，而是與其對立面相互比較而存在的。有美就有醜，有善就有不善。同樣道理，有無、難易、長短、高下、前後……也都是相互依存，相互轉化的關係。老子說的「有無相生」就是這個道理。這種相互包含，相互依存的關係是一種相輔相成的關係，也就是和諧關係。每一方都包含著對方，每一方都以對方為存在條件，離開對方自己也就不存在。矛盾也可能激化，但是那不是老子願意看到的。

老子認為矛盾方面的對立和衝突必然發展為和諧與統一。他指出：「沖氣以為和。」一切事物都包含著矛盾，「萬物負陰而抱陽」，陰與陽是矛盾的兩個方面，它普遍存在於萬物之中，矛盾是普遍存在的，沒有矛盾的事物是沒有的。矛盾雙方相互排斥、相互作用，使事物達到和諧和統一，即「沖氣以為和」。「沖」是湧動、激盪的意思，可以引申為衝突、對立，象徵矛盾的不平衡和對立狀態，它是事物實現和諧與統一的內在動力。

和諧的原則就是適度

根據和諧規律，老子提出和諧的原則，即適度。和諧就是適度，達到一個平衡點，一個最佳狀態。他以設問的方式提出一連串問題：名譽和身體哪個更值得愛？身體和財富哪個更重要？得到名利和喪失生命哪個是病害？當然，老子肯定的是後者。這說明老子是看重身體（生命）的價值。因此，他提出凡事都要適度，不要過分。過分的吝惜，一定會造成巨大的耗費，過多的保藏一定會造成巨大的損失。人們要「知足」、「知止」，知道滿足的人不會受辱，懂得適可而止的人，不會有危險，這樣的人可以長泰永存。

凡事都有限度，超過一定限度，事物的質的穩定性就會被破壞，事物的性質就會發生變化。要保持事物的質的穩定性，就要堅持適度原則，使量限制在一定的限度內，做到無過無不及。老子強調「去甚、去奢、去大」就是這個道理。老子用一些隱喻論述他的觀點，他說，天下萬物，有些在前面行走，有些在後面跟隨，有些送暖氣，有些吹冷風，有些強壯，有些羸弱，有些得勝，有些失敗。當時，大小諸侯就是這樣，你爭我奪，爭戰不已。老子最後得出結論，從政者要戒除走極端，戒除奢侈，戒除過分。這是老子的「中庸」思想，其要旨是不要走極端，不要奢侈，不要過分。核心是不要走極端（去甚）。有人說，老子的思想意在取消矛盾或消解矛盾，這是不公正的。老子是提出一種解決矛盾的方法，這種方法可以避免矛盾的激化和轉化，保持事物的相對穩定。解決矛盾不是只有一種方法，即促使矛盾激化，實現矛盾轉化的方法。這要看是什麼矛盾，解決「甚、奢、大」這樣的問題，不必等到激化再著手解決，那樣就麻煩了。當然，去甚、去奢、去大之後，還是存在矛盾的，雖然老子沒有談及，也是不言而喻的。因此說，他並沒有取消矛盾或消解矛盾。老子的中庸思想有其合理性，中庸作為文化心理現象已成為我們民族性格的組成部分，作為傳統思維方式也一直影響一代一代的中國人。我們常用「太極端」、「太過分」等說法描繪某人的不良行為，這說明中庸思想是深入人心的。「去甚」是正確的，極端不代表事物的主流和發展趨勢。事物普遍具有中心和兩端三部分，不論從空間角度看，還是從時間角度看，都是這樣。偏離中心，離開軌道，就會走入歧途，適度才是最好的。

和諧的政治觀

老子認為「道法自然」，道是無為的。他告訴人們要「唯道是從」，愛道，循道，無為而無不為。老子的無為思想是他和諧思想的精髓，老子強調「無為」的理念。他指出，道永遠是無為的，君侯王公如果可以遵守道，即客觀規律，萬物將自然而然發生變化。老子的無為原則不是別的，是要人們守道，行道，遵循規律。堅持無為原則，萬物將自化，天下將自定。無所欲為，胡作非為，倒行逆施是要受到規律的懲罰。

他主張無為而治，無為而無不為。讓老百姓認為統治者的作為是順應自然，是自然而然的事。此外，統治者要很好地進行統治，還要處理好人與物的關係。維護萬物的「自然」之狀態，使之能保持不變。也

就是統治者在處理人與人和人與事的關係時，應該遵循「法自然」的原則。老子所說的自然並不等同於我們現在所說的大自然或自然界，而是一種自然狀態。老子所關心的不是自然界，而是人類和人類社會，是與人類社會生存有關的狀態，是一種類似於自然無為、自然而然的和諧狀態。自然狀態包含事物自身內在的發展趨勢，是原有自發狀態延續的習慣和趨勢。老子眼中的「自然」是一種排除外力干擾的情況下，事物自發狀態的保持與延續的習慣與趨勢，或者說是事物內在的規律性。老子所描繪的這種「自然」狀態下的人類社會，統治者與老百姓之間自是互不干擾，相安自得，怡然自樂，進而使整個社會呈現出一種自然和諧的田園式理想狀態。

老子從「道」出發，推演出治國理念，在原則上要求「法自然」，按照事物自身應該有的規律辦事，不要人為地干涉事物的發展；在實踐層面上就是要求統治者不要為所欲為，利用手中的特權橫加干涉老百姓的生活。統治者應該是「我無為而民自化，我無事而民自富」，在政治統治的操作上做到「無為而治」，進而達到統治者與被統治者之間相安無事，和諧共存。老子反對統治者干預民眾的生活，而宣導讓民眾按照其自然本性而活。**老子認為，治理國家，特別是大國，就像烹小魚一樣，不要隨意攪動，簡單處理就可以。**老子主張以道治國，實行無為而治的原則。以道治國，即使妖魔鬼怪也不能顯靈，即使顯靈也不能傷害人，即使聖人也不傷害人，這就是以道治國取得的結果。總之，老子認為，只要順應自然，就會取得成功。要統治天下，就不要做擾攘百姓之事。反之，苛政縟節，禁令繁多，令百姓無所適從，最終只能失天下。統治者要治理好一個國家，要以「清靜無為」為原則，以安定不擾民為上。只有這樣，才可以各守其靜，天下也就相安無事，達到天下大治的目的。這就是老子的「內政」方略。

現代社會結構複雜，事物繁多，現代國家的治理不是那麼容易。但是老子的治國原則還是有其合理內涵的，極為重要的一點就是：要保持社會的穩定與和諧。這個寶貴的政治經驗，往往為歷代賢明的從政者所接受。

保持社會的和諧穩定關鍵是實行平等的原則。老子從自然界的平衡法則引申出人間的平等法則，主張人與人之間的關係平等。他特別指出，當時人間的法則不是這樣，剝奪不足而供養有餘，這就是社會不平等現象的根源。老子這裡論述社會平等的思想，展現出他的社會政治觀。

應該說，老子的社會平等思想是一大創見，比歐洲近代啟蒙思想家用自然法則解釋社會現象要早兩千多年。老子是一個現實主義者，也是一個理想主義者，雖然在他那個時代根本不可能實現社會平等，他還是執著地追求這樣的理想社會。

老子描繪一幅古代理想社會的圖景，他的參照物是周代的社會制度。周在入主中原以前，國家規模很小，這正是老子「小邦寡民」的原型。他主張國家的規模要小一點，人口數量要少一點，好的器具也不用，使人民重視生命而不隨意遷移。有車船不乘，有甲兵不去打仗。吃什麼都覺得甘美，穿什麼都覺得樣式好看，對古老的風俗覺得很快樂，住什麼居室都覺得安全舒適。鄰邦之間，雞犬之聲都可以聽到，但是民眾一直到死也不相往來。這是一種古代的烏托邦思想，它的實質不能認為是歷史的倒退，而是向人們展示未來社會的狀況，希望用一個理想的社會取代當時的社會。

在「外交」方面，老子針對「國際」上常出現的以強凌弱，以大欺小的情況，提出處理國與國之間應該遵循「謙下」的基本原則。大國對小國謙下，小國就如百川匯之於江海，可以聚攏於大國周圍；小國謙下，就可以被大國所容納。這樣一來，無論是大國還是小國「皆得其欲」，進而能做到和平相處。

和諧的自然觀

老子認為，生物來自於自然，人也來白於自然，人和生物必須在自然給予的條件下求得生存。生態系統是道循環運動的產物，「道生之，德畜之，物形之，勢成之」。道締造生物，德養育生物，周圍環境使它成為一定的形態，各種力量制約它的成長。生態系統遵循道所固有的規律運動，循環往復，周而復始，生生不息。生態系統變化的動力來自它的內部，「萬物負陰而抱陽，沖氣以為和」，陰陽的相互作用是生態變化的內在動力。

道使生態系統趨向平衡。「天之道，其猶張弓與！高者抑之，下者舉之；有餘者損之，不足者與之」，「天之道，損有餘而補不足」。這種平衡是自然本身的動態平衡，不是神或上帝的力量促成的。現代生態學研究指出，各種元素的地球化學循環，水和大氣的循環，各種食物鏈的能量轉換，構成生態系統的動態平衡。現代科學揭示耗散結構的系統循環的內在機制。

老子指出，宇宙中有四大，人是其中之一，人與萬物都是道締造的，都遵循著道的規律。自然的協同，穩定與和諧給人的啟示是：人與自然應該保持和諧一致，同時也要維護自然的穩定與和諧，特別是維護生態平衡。美國著名學者卡普拉對道家的這個思想給予高度評價，他說：「道家提供最深刻並且最完善的生態智慧，它強調在自然的循環過程中，個人和社會的一切現象以及兩者潛在的一致。」老子強調，天道自然無為，人道應該順從天道，唯道是從，自覺地維護生態平衡，保持與大自然的和諧。

老子思想研究概況

秦漢以後，學者對於《老子》的注疏，最為重要的有西漢河上公的《老子道德經章句》，東漢嚴遵的《老子道德經指歸》，三國魏王弼的《老子道德經注》。在此三家以外，各種研究注疏著作極多，有書上說達到三千餘種，現在所能見到的有四百種左右。一九七三年，在湖南長沙馬王堆漢墓出土兩種帛書本《老子》。一九九三年，在湖北荊門郭店戰國楚墓出土的三種竹簡本《老子》，是目前新見的《老子》的最早版本。這兩批《老子》古本一經出土，就成為國內外古代史研究、考古學研究、古代文獻學研究、古文字研究、哲學史研究等眾多學科領域所共同關注的焦點，成為近二十年來學術界研究的一條主線。

現代以來，老莊哲學作為一種重要的時代精神的產物，以及一種重要的文化資源，受到更多的關注。晚清至現代初期，學術界在對儒學進行改造和批判的同時，曾經以極大的熱情關注諸子的學說，其中對於老子關注尤多，當時最為優秀的學者幾乎對老子都有研究，著作眾多，推動老子學說的深入發展。現代，老子的思想學說繼續得到普遍關注，先後出現兩次高潮。二十世紀八〇年代對於老子思想學說的討論，有更多的學者參與其中，這個期間僅對於《老子》的通俗白文注解，就出版五十餘種。

清末至民國初年，自乾嘉古文學派、桐城學派、常州今文學派，到康有為、嚴復、劉師培，再到章太炎、王國維、胡適，對老莊道家學說都有一定程度的研究。二十世紀二、三〇年代，在西方思潮影響下，以疑古派為中心的爭論，以及馬其昶、馬敘倫、高亨的現代考釋，梁啟超、馮友蘭、金岳霖、鐘泰的西方式哲學研究，老莊道家學說仍然為一大核心。

台灣對道家學說的研究，從二十世紀五、六〇年代以來，一直持續不斷。早在二十世紀五〇年代，就有錢穆、吳康等人從事老莊學說研究，錢穆著有《老莊通辯》一書。到六、七十年代，一大批學者湧現出來，出版的各類研究著作十分豐富。其中嚴靈峰的《老子集成》卷帙浩大。進入八〇年代以後，台灣的老莊道家學說研究呈現出一派更為繁榮的新氣象，出現許多新的研究成果，研究的角度各不相同，方法更為靈活多樣，既有較為專深的學術著作，又有許多適合於學生和普通人閱讀的著作。

以台灣老莊學說的研究狀況來看，對老子的研究仍然盛於莊子，老子在道家學說中仍然居於最重要的地位。二十世紀八〇年代，在老莊研究方面還出現一個新的特點，就是生命與智慧成為老莊研究中的一大主題，語譯類、文學傳記類比較淺近通俗的著作佔比較大比重，甚至出現蔡志忠《漫畫老子：智者的低語》、《漫畫莊子：自然的簫聲》那樣深受一般讀者喜愛的系列漫畫作品，標示現代社會對於古代文化繼承與認同的一個新方向。

中國大陸自二十世紀八〇年代以來，道家研究呈多元化發展趨勢：李澤厚、湯一介、馮友蘭、陳鼓應等人的哲學解讀；張舜徽、徐梵澄、崔大華的綜合詮釋；李學勤、李零的考古學與古文獻學的最新論證；有劉師培、蒙文通、王明等人對道藏進行整理；許地山、劉咸忻以及陳寅恪、湯用彤、陳垣等人對道教史進行研究；陳攖寧、劉仁航等人，對仙道思想進行闡揚；還有目前方興未艾的著眼於東西方文化交融的「新道家」。

國外研究老子已經有悠久的歷史，對於老子的評價較孔子高出許多，特別是西方科學家對於老子有普遍的關注和贊同。在近鄰日本、韓國，老子具有巨大影響，近年來更在韓國成為熱門話題。日本和韓國，從更早時起，已經有各種漢文版本流傳。在亞洲其他國家，越南文、印度文以至梵文、女真文的《老子》

譯本，都可以找到。

西方學者，對於老莊道家思想向來懷有很大興趣。北京大學教授李零一九九三年訪美，回國以後著文說：「西方人對中國思想一見鍾情的必然是道家，對儒家總是提不起興趣」，因為道家「所表現出來的東西，無論是對宇宙、生命、社會，還是其他問題的關心，都比較容易與他們的傳統契合，比較容易和他們作心理溝通」。

西方文明從十九世紀上半葉黑格爾著《哲學史講演錄》時，就開始注意道家，認為「孔子只是一個實際的世間智者。在他那裡，思辨的哲學是一點也沒有的，只有一些善良的、老練的、道德的教訓，從中我們不能獲得什麼特殊的東西」，而說道家「這派的主要概念是『道』，這就是『理性』」、「道就是道路、方向、事物的進程、一切事物存在的理性與基礎」，進而給予很高評價。黑格爾此處展現出的自然是西方的學術立場，但是其觀察問題的方法也是值得注意的。

現代以來，有一大批西方和東方的科學家和科學哲學家，都曾經關注老子。其中最為著名的如英國人文主義物理學家卡普拉、英國科學史家李約瑟、比利時物理學家普利高津和日本物理學家湯川秀樹。卡普拉所寫的《物理學之道》專門探討現代物理學與東方哲學的會通，對於老子道家思想做出極大肯定。該書出版之後很快暢銷全球，幾年之內就多次再版，行銷五十萬冊，並被譯成多國文字。李約瑟從二十世紀三○年代起就獻身中國文化，他的巨著《中國科技史》是這個領域中最偉大的著作，他自己因為熱愛道家學說，甚至取了道號，叫做「十宿道人」。

由此可見，老子思想受到世界各國的重視。隨著研究的深入，我們將會對老子思想有越來越深刻的認識，老子思想也會對人類的未來做出更大貢獻。

老子
LAOZI

第二章：快樂生存的智慧

人如何才可以快樂？老子說不喪失純樸的本性，摒棄欲念的牽絆，懂得知足，掙脫束縛我們的精神枷鎖，我們就可以快樂。

復歸於嬰兒

【語譯】

回復到嬰兒那樣純真的狀態。

【原文釋評】

老子認為嬰兒不懂得偽飾，一切隨性而為，天機自然，最接近於「道」，他主張應該向嬰兒學習，做一個純真自然的人。老子最出名的觀點就是「無為」，「無為」的核心就是順其自然，用老子的話說就是「萬物之自然」。

老子所說的自然為何物？老子說：自然者，自然而然也。自然就是自然而然，也就是平常所說的天然，指萬事萬物沒有人為因素的那種狀態，清水芙蓉，自得天成。「自然」是「道」的根本特性，也是道家所提倡的一種生活態度，是老子所推崇的最高人生境界。

【經典案例】

河神和我們一樣分不清什麼是自然，什麼是人為，一天他跑去問北海神：「請問什麼是自然？什麼是人為？」

北海神舉一個例子說：「牛馬生下來就有四隻腳，這就叫自然。用轡頭套在頭上，用韁繩穿過牛鼻孔，又在馬腳底釘上鐵蹄，這就叫人為，不要用人為的事去毀滅自然，不要用矯揉造作去毀滅天性。不要因貧困去求名聲，謹慎地守護著自然之道，這就叫回歸到本來的天性。」

「自然」就是指人的本性，也就是人的真性情和真思想，所以「自然」又與虛偽相對。在老莊那裡，「真」與「自然」是一個意思——真的就是自然的，自然的同樣也是真的。自然是一個人性情真誠的極致。

物貴天然，人貴自然。老子強調自然無為，不管做什麼都要因循自然的規律，不以人為的方式去擾亂它。同樣的，自然無為也是他的審美標準，一切違背自然的必定就是醜惡的。

自然而然，是對人性的一種肯定，一種保護，一種表現。生活，包括政治生活、經濟生活和社會生活，其固有的各種秩序往往就是對人性的限制。如果可能，人性對現實是應該有所超越。《史記・滑稽列傳》中，記載一個故事：

春秋時期，齊國有一個叫淳于髡的人，屬於齊國的「入贅」女婿，為人滑稽善飲。有一次，齊威王問淳于髡：「都說先生你能喝酒，你到底一頓能喝多少？」淳于髡說：「要怎麼說？喝一斗也醉，喝一石也許不醉。」齊威王說：「這是怎麼說？」淳于髡說：「如果和大王在一起喝酒，旁邊站著倒酒的，後邊立著保衛的，氣氛非常緊張，在這種情況下，我也許喝不上一斗就醉了。如果陪重要的客人喝酒，需要不住地照顧客人，這種情況下，能喝二斗也就不錯了。如果和長時間沒見面的友人喝酒，『歡然道故，私情相語』，這樣能喝五、六斗。如果是男女在一起從事娛樂活動，大家在一起歡樂，也就是所說的『男女搭配，喝酒不醉』，這樣可以喝八斗。如果是晚上，『合尊促坐，男女同席』，燭光晚宴，席間女性又微紅香腮，飄柔長髮，輕解衣襟，脈脈含情，這種情況覺得心中最為興奮；情致痛快淋漓，就是喝上一石也不醉了。」其實，淳于髡所說的「不醉」的境界，就是人性不受扼制的時候，而飲一斗輒醉則是人性最受禁錮的時刻。

所以，從某種意義上說，人性就是自然之性，任何包裝和限制都是對人性的背叛。

老子認為，人的本性是善良和純真的，人類各種醜惡行為應該是不合理和不完善的社會制度造成人性扭曲的不正常現象。由此，老子堅持去偽存真，保留人性善美而契合自然之道的東西。摒棄所有引起人的貪欲的東西，尤其是當時流行的推崇賢能的風尚，更被他認為是最易產生罪惡的淵藪。在他的眼裡，讓人們在一種自由寬鬆的社會環境中保持人類純樸天真的精神生活，與自然之道相契合，比起物質文明雖然發達，但是充滿著危機、爭鬥、謀殺和陰謀的社會制度，顯然更符合於人類的本性。

孔子拜見老子時，提出自己的「仁義」主張向其討教。

老子說：「飛揚的草屑進入眼睛，也會顛倒天地四方，蚊蟻之類的小蟲叮咬皮膚，也會使人通宵不能入睡。你所推行的仁義給人的毒害就更為慘痛，可以使人昏聵糊塗。」

孔子說：「這是怎麼說？」

老子說：「你想要讓天下不至於喪失淳厚質樸，你就應該縱任風起風落似的自然而然地行動，一切順於自然規律行事，又何必那麼賣力地去宣揚仁義，就像是敲著鼓去追趕逃亡的人似的？白色的天鵝不需要每天沐浴而毛色自然潔白，黑色的烏鴉不需要每天用黑色漬染而毛色自然烏黑，烏鴉的黑和天鵝的白是出於本然，無法分辯誰優誰劣。名聲和榮譽那樣外在的東西，更無法散播張揚。泉水乾涸了，魚兒相依偎在陸地上，大口出氣來取得一點濕氣，靠唾沫來互相得到一點兒潤濕，這樣互助互愛、苟延殘喘有什麼意義？不如回到江湖裡將對方忘卻、自由自在。」

正人君子的外表文質彬彬，他們用一層層面具把自己的真實面目遮掩起來，衣服有一定的樣式和顏色，語言總有一定的分寸，舉手投足溫文爾雅，面部總裝有一種固定的表情。這種人不僅虛偽無聊，同時也毫無趣味。我們引為驕傲的文明如果就是這般模樣，真是太可怕了。我們在同一條生產線上製造規格一樣的機器，我們是否也在用同一種見不到的模子鑄造同一規格的人？人們說相同的話，想同樣的問題，千人一面，萬眾一心，這樣的文明將把人類的本能和創造力扼殺殆盡。

在現代人的詞典中，壓抑自己的本性就叫「克制能力強」，善於偽裝就叫「有涵養」。如果叫你頭上每天戴上偽裝圈，你一定感到難受極了；同樣的，人們每天戴上意識的假面具也活得太累了，所以人類自從文明誕生之日起就離不開狂歡節。

巴西和西方其他國家盛行狂歡節，節日這一天人們完全打亂日常的生活秩序，撕下一本正經的假面孔，把長期壓抑的情緒發洩出來，使大家暫時能恢復各自的本來面目。這個時候，人們說話可以不講禮貌，行為也允許有失體統，盡情盡興地狂歡。這些國家每年狂歡節總要死許多人，但是政府和人民寧願死人也要保留這個節日，如果一年到頭不狂歡，可能大家都要憋得真的發狂。

總是躲在陰暗角落裡不見天日，這不是活受罪嗎？總是把自己的真面目隱藏起來也叫人難受，每個人都願意露出自己的真面目，就像每個人都喜歡陽光一樣。

五色令人目盲，五音令人耳聾，五味令人口爽，馳騁畋獵令人心發狂，難得之貨令人行妨。是以聖人為腹不為目，故去彼取此。

【語譯】

繽紛的色彩使人眼花撩亂，嘈雜的聲音使人聽覺失靈，豐美的食品使人舌不知味，驅馬打獵使人心發狂，貴重稀有的物品使人偷和搶。因此高尚的人只求安飽而不逐聲色，拒絕物質的誘惑而保持內心安足的生活。

【原文釋評】

老子說，人不能縱情聲色，糜爛生活令人目盲、令人耳聾、令人心發狂，物欲橫流讓人精神腐蝕。我們之所以喪失自我，甘願把自己作為商品推銷出去，有智力的出賣自己的智力，沒有智力的出賣肉體，其根源是我們想以此交換金錢物質，以滿足自己貪婪的欲望。老子早就指出，追逐外物必然喪失自己的本性。我們現在的生活，只知道拚命累積金錢財富，只看重動物性的滿足發洩，全部身心都沉浸在財富的追逐中，都沉溺在放縱感官肉體的快樂中。這樣一來，我們追逐到的財富越多，我們的心靈就越空虛，我們本性的喪失就越厲害，我們的精神就越貧乏，我們的生命表現就越少。

人們莫不由於對外物的貪欲而喪失本性，小人犧牲自己去求財寶，讀書人犧牲自己去求功名，當官的犧牲自己為了升遷，國王犧牲自己去求天下。這幾種人事業不同、名聲各異，但他們犧牲自己喪失本性卻一樣。隱士伯夷為了名聲好聽餓死在首陽山下，盜跖為了金銀財寶被人打死在金陵山上，這兩個人死的原因雖然是一個求名一個為利，卻同樣殘害生命，喪失本性。

現在最容易使人失去自我的東西是財、官、色、味。為了口腹之樂不惜盜用公款，為了聲色之娛可以喪心病狂，為了金錢可以出賣肉體，為了當官更可以出賣良心。這些人弄到官、財、味、色，還以為自己有所得，臉上浮現著一副得意的神情。其實，這樣與被賣掉裝在籠子裡的猴子沒有什麼兩樣，籠子裡的猴子有吃有穿，我們仍然可憐牠被出賣，如今我們出賣自己換來金錢地位，不僅不知道可憐自己，反而還飄飄然得意起來。

我們認為老子的觀點並不是要把精神文明與物質文明對立起來，並不是否定發展文化，不像有些學者所言，認為老子的這些觀點是他對人類社會現實和歷史發展所持的狹隘庸俗的反歷史觀點。他希望人們可以豐衣足食，建立內在寧靜恬淡的生活方式，而不是外在貪欲的生活。一個人越是投入外在的漩渦裡，越會產生自我疏離感，心靈就會日益空虛。所以，老子才提醒人們要摒棄外界物欲的誘惑，保持內心的安定清靜，確保固有的天性。

如今，現代文明高度發達，許多人只求聲色物欲的滿足，價值觀、道德觀嚴重扭曲，在許多場合可以普遍看到人心發狂的事例，令人感慨不已。

人是不能太貪的。荀子認為，「人生而有欲」，例如：「饑而欲食，寒而欲暖」，就是人基於生理需要而產生的生存欲望，是生來就有的；人還有乞求物質與精神享受的欲望，「餘財潛積之富」，即聚財致富的欲望。對於人的自然而合理的欲望，荀子主張「制禮義」加以調節，並經由自己的辛勤勞作，以使欲望得到一定程度的滿足。荀子同時指出，人往往由於「好利」而使欲望「窮年累世不知足」，因此他強調：「欲雖不可去」，但「求可節也」，意思是：對於欲望，既不能禁止，也不能放縱；對於過度的甚至貪得無厭的奢求，還必須加以節制。

「世人都說神仙好，唯有功名忘不了。」每個人都想活得瀟灑一點、輕鬆一點、快樂一點，但是終其一生也無法瀟灑、無法輕鬆、無法快樂。他們被什麼東西拖住了、纏住了、壓住了，這個東西就是功名利祿。功名利祿成為人生的境界，似乎功名越厚，人生也越美妙滋潤。其實功名利祿是一副用花環編織的羅網，只要你進去了，你就無法自在與逍遙。沒有功名利祿，於是想得到功名利祿。得到小的功名利祿想得到更大的功名利祿，得到功名利祿，又害怕失去功名利祿。人生就在患得患失中度過，哪裡品嘗得到人生的甘美清純滋味？世人只知道功名利祿會給人帶來幸福，殊不知功名利祿也會給人帶來痛苦。為了功名利祿，我們勞心、勞神、勞力；為了功名利祿，我們計畫、忙碌、奔波；為了功名利祿，我們懷疑、欺詐、爭鬥；為了功名利祿，我們玩陰謀、耍詭計、逢迎拍馬；為了功名利祿，我們如履薄冰、患得患失。

老子說，萬事萬物沒有貪欲之心，天下就自然而然達到穩定和安寧。所以，戒貪戒詐，保持內心世界的寧靜，是一種很高的精神境界和人生修養。歷史上許多仁人志士都深諳「靜以修身」、「儉以養德」、「淡泊明志」、「寧靜致遠」的道理，並且身體力行。面對「燈紅酒綠」、物欲橫流，如果可以保持平靜的心態，甘於淡泊，出淤泥而不染；面對一部分人先富起來，如果可以保持平衡的心態，氣定神閒，堅持默默無聞的奉獻；面對人生的各種逆境，如果可以保持平常人的心態，做到寵辱不驚、去留無意，才是真正的幸福、持久的幸福、純粹的幸福。

佛祖告誡世人：「**財色之取，譬如小兒貪刀刃之飴，甜不足一食之羹，然有截舌之患也。**」任何一種宗教，都有戒律，每一種戒律都有關於財色之戒。這種不謀而合難道是偶然的嗎？

【經典案例】

春秋時宋國有一個賢人叫子罕，官至輔政。國中有人拿一塊碩大的美玉獻給他，可是子罕不接受。獻玉者問他：「你為什麼不要這塊玉？這是一件玉匠鑑定過的寶物，價值連城！」子罕回答：「我就以不貪為寶，而你以玉為寶，我們應該各守其寶，請你把玉拿走吧！」

元代名士許衡，夏季一天與眾人趕路，口乾舌燥時，正好發現路邊有一片梨林，大家一哄而上，摘梨解渴，只有許衡默默不動。別人問他為什麼不吃，這些梨樹沒有主人！許衡回答：「不是自己的東西，就不應該亂拿，現在世道混亂，梨樹無主，難道我的心也無主嗎？」子罕和許衡這兩位賢人都拒絕誘惑，以不貪為立身持命的「寶」和「主」。內心有主，就是堅持自己的信念不因外部環境的改變而改變。這種人生將是自信、自立、自尊、自愛的，是不會為誘惑所累的。

對手握大權的人，誘惑實在太多，欲望也實在太多。如何抵禦各種誘惑？老子說得好，「見欲而止為德」，「邪生於無禁，欲生於無度」。當官掌權如果忘記世界觀的改造，忘記清正廉潔，難免產生邪心惡念。「疾小不加理，浸淫將毀身」，到頭來就可能出大事，釀成大禍。當權力變成一個工具、一個為滿足自己欲望的工具、一個為所欲為的工具的時候，帶來的並不是幸福。這種把持權力的人，或許可以得到一時的滿足感、獲得一時的快樂、獲得物質上的富有，但是他們的心理也因此深感不安，誠惶誠恐。

人生在世，難免要與功名利祿、榮辱得失打交道。許多人是以榮寵和功名利祿為人生最高理想，目的就是為享榮華富貴。總之，人活著就是為了壽、名、位、貨等身邊之物。對於功名利祿，可以說是每個人都需要。但是，把它擺在什麼位置上，人與人的態度就會不同。如果你把它擺在比生命還要寶貴的位置上，就大錯特錯。老子說：「吾所以有大患者，為吾有身，及吾無身，吾有何患。」老子從「貴身」的角度出發，認為生命遠貴於名利榮寵，要清靜寡欲，一切聲色貨利之事，皆無所動於衷，然後可以受天下之重寄，而為萬民所託命。

德國生命哲學的先驅者叔本華說：「凡是為野心所驅使，不顧自身的興趣與快樂而拼命苦幹的人，多半不會留下不朽的遺物。反而是那些追求真理與美善，避開邪想，公然向『公』意挑戰並且蔑視它的錯誤之人，往往得以不朽。」

是以聖人去甚、去奢、去泰

【語譯】

聖人要去掉極端的、過分的、奢侈的東西。

【原文釋評】

河上公注：「甚謂貪淫聲音，大謂宮室台榭，奢謂服飾飲食。」甚、大、奢都是「過」，都是由「貪」引起的。一個人越貪婪，他就越是窮奢極欲。反之，一個人越是奢侈過度，他就會越貪。老子認為，一些極端過分的東西會拖累我們的身體和靈魂，應該拋棄它們，過一種簡單的生活，我們才可以自由快樂。

絕大多數人都希望自己的生活可以達到「簡單並快樂」的最佳狀態，但是他們真的可以做到嗎？毫無疑問，這是一個大大的問號。因為大家都會被實實在在的生活壓得喘不過氣，甚至頭暈眼花。著名捷克作家米蘭・昆德拉有一句名言：「承受生命之重」，實際上絕大多數人不堪承受生命之重，因為他們被佔有物質財富——銀子、房子、車子、女子的欲望折磨得疲憊不堪。有許多人是在令人難以察覺的絕望狀態下生活的。在工業化程度越高的現代社會，這個情況尤為嚴重。

美國心理學家迪納已經證明，物質財富是一種很差的衡量快樂的標準。人們並沒有隨著社會財富的增

加而變得更加快樂。在大多數國家，收入和快樂的相關性是可以忽略不計的；只有在最貧窮的國家裡，收入才是適宜的標準。

在習慣的支配下，我們對這個嘈雜的世界、混亂的時空沒有感到有什麼不對勁，也許只有到臨終的時候，才會悲哀地發現，自己的一生，原來是這麼的不快樂。

快樂是什麼？快樂來自於「簡單生活」。物質財富只是外在的，真正的快樂來自於發現真實獨特的自我，保持心靈的寧靜。

有人問：「簡單生活」是否意味著苦行僧般的清苦生活，辭去待遇優厚的工作靠微薄存款過活，並清心寡欲？這是對簡單生活的誤解。簡單意味著悠閒，僅此而已。豐富的存款，如果你喜歡，就不要失去，重要的是要做到收支平衡，不要讓金錢給你帶來焦慮。

簡單，是平息外部無休無止的喧囂，回歸內在自我的唯一途徑，當我們為擁有一幢豪華別墅、一輛漂亮汽車而加班努力地拼命工作，每天晚上在電視機前疲憊地倒下；或是為了一次小小的提升，而默默忍受上司苛刻的指責，並一年到頭阿諛奉承；為了無休無止的約會，精心裝扮，強顏歡笑，到頭來回家面對的只是一個孤獨蒼白的自己的時候，我們應該問問自己幹嘛這樣，它們真的那麼重要嗎？

簡單的好處在於：也許你沒有海濱前華麗的別墅，只是租一間乾淨漂亮的公寓，這樣你就可以節省一大筆錢來做自己喜歡的事，例如：旅行或是買到早就夢想已久的攝影機。你也再用不著在上司面前唯唯諾諾，你自己就是自己的主人，提升並不是唯一可以證明自己的方式，很多人從事半日制工作或是自由職業，這樣他們就有更多的時間由自己支配。如果你能推去那些不必要的應酬，你將可以和家人、朋友交談，分享一個美妙的晚上。我們總是把擁有物質的多少看得過於重要，用金錢與精力和時間換取一種所謂的優越生活，卻沒有察覺自己的內心在逐漸枯萎。

簡單應該是每個人的目標，當你剔除心中的各種物欲和焦慮時，你就生活於簡單中。簡單的意義，不是幻想生活而是面對生活，祈求心靈的寧靜。何須費心尋覓？它不在千里之外，而是深存在你的心中。記住梭羅的話：**「我們的生命不應該虛擲於瑣碎之事，而應該盡量簡單，盡量快樂。」**

【經典案例】

最能展現追求簡單的生活，崇尚真正自由的人莫如第歐根尼。

第歐根尼是古希臘一個偉大的哲學家，他透過戲劇、詩歌和散文的創作來闡述他的學說；他向那些願意傾聽的人傳道，他擁有一批崇拜他的門徒，他言傳身教地進行簡單明瞭的教學。所有人都應該自然地生活，他說，拋開那些造作虛偽的習俗，擺脫那些繁文縟節和奢侈享受，只有這樣，你才可以過自由的生活。富有的人認為他佔有寬敞的房子、華貴的衣服，還有馬匹、僕人和銀行存款，其實並非如此，他依賴它們，他得為這些東西操心，把一生的大部分精力都耗費在這上面。它們支配著他，他是它們的奴隸。為了攫取這些虛假浮華的東西，他出賣自己的獨立和自由。

第歐根尼沒有房子，甚至連一個茅廬都沒有。他認為人們為生活煞費苦心，過於講究奢華。他擁有一條毯子——白天披在身上，晚上蓋在身上，他睡在一個桶裡，人們稱他為「狗」，把他的哲學叫做犬儒哲學。

他就這樣生活著，全然不顧社會規範，而且還朝他所鄙視的人咧嘴叫喊。他躺在陽光下，心滿意足，比波斯國王還要快活（他經常這樣自我吹噓）。

馬其頓國王、希臘的征服者亞歷山大正在視察他的新王國，他到處受歡迎、受尊崇、受奉承。他是一代英雄，幾乎所有人都湧向科林斯，就是要向他祝賀，希望在他麾下效忠，甚至只是想看看他。唯獨第歐根尼，他身居科林斯，卻拒不覲見這位新君主。懷著亞里斯多德教給他的寬宏大度，亞歷山大決意造訪第歐根尼。

亞歷山大穿過兩邊閃開的人群走向「狗窩」，他走近的時候，所有人都肅然起敬，第歐根尼只是用一肘支著坐起來。所有人都向他鞠躬敬禮或歡呼致意，第歐根尼一聲不吭。

一陣沉默。亞歷山大先開口致以和藹的問候。打量著那可憐的破桶和破衣爛衫，還有躺在地上的那個粗陋邋遢的形象，他說：「第歐根尼，我可以幫你忙嗎？」

「可以，」第歐根尼說：「站到一邊去，你擋住陽光了。」

一陣驚愕的沉默。慢慢地，亞歷山大轉過身，沉默不語。幾分鐘後，他對著身邊的人平靜地說：「假如我不是亞歷山大，我一定做第歐根尼。」亞歷山大是懂得自由的含義的。

不論你對簡單下什麼樣的定義，其本質都是擺脫過多的物質負擔和精神負擔。你依然可以追求烹飪之樂，但卻不必訂數種美食雜誌、累積收藏無數的食譜；你依然可以追求最新的時尚，但卻不必同款鞋各買一色或買許多領帶；你依然可以買下別墅，卻不必依平日家居的方式來布置它；你可以多交朋友，卻不必多到非得用名片檢索的地步。

很多人都喜歡房子清掃過後煥然一新的感覺。你在拭掉門窗上的塵埃與地面上的汙垢、讓一切整理就緒之後，整個人好像突然得到一種釋放。在人生諸多關卡上，我們幾乎隨時隨地都得做清掃。念書、出國、就業、結婚、離婚、生育、換工作、退休……每一次的轉折，都迫使我們必須「丟掉舊的你，接納新的你」，把自己重新「掃一遍」。

把自己的心靈清掃一番，你一定會感到從未有過的輕鬆和快樂。

故知足之足，常足矣

【語譯】

所以知道滿足的人，才可以得到滿足。

【原文釋評】

知足常足，也就是我們通常說的知足常樂。一個人知道滿足，心中就經常是快樂而達觀的，有利於身心健康。相反的，貪得無厭和不知滿足，就會經常感到焦慮不安。用叔本華的觀點來說，就會使人生在欲望與失望之間痛苦不堪。現實中，我們看到不少落得身敗名裂的人正是因為欲壑難填，貪得無厭而走上犯罪道路。看到這些人的犯罪事實，很多人都會由衷感嘆地說：「要是他早一點收手，大概也不會走到這一步！」不知大家注意到沒有，這些感嘆所流露的，正是「知足」的思想！問題是，如果受貪欲支配，又哪裡會知足，哪裡會收得住手？

所以，**「知足」不是沒有追求；「知足常樂」更不是平庸的表現**。相反的，它是難得修煉成的德性，尤其是在我們這個物欲誘惑滾滾而來擋也擋不住的時代。

人應該有更高的追求，但是這樣與知足並不矛盾，實現一個目標以後，可以準備下一個，但是不能在這個目標還沒有實現就想得更多，這樣就會淪為貪婪。事實上，知足才是最好的追求動力。

根據心理學上的說法，那種到處表現自己的不凡，害怕沒有人知道他的出類拔萃和光榮歷史，無法克制地要以驕傲面孔示人的人，經常是心理上欠缺安全感和滿足感，或是自卑感在作祟的人。因為缺少安全感和滿足感，就相對地失去自信，因此急於要在別人的讚美或驚歎聲中找回信心，證明確實如自己希望和幻想的那樣不同凡響。驕傲、自滿、目中無人，是由於反常心理在後面推動，不僅給人極壞的印象，也是一種十分可悲的病態心理。

知足常樂的人很容易被人們認為是胸無大志。因為這些人往往在競爭異常激烈的今時今日，不去爭，不去怨，不去嫉妒、傷害他人，樂觀地生活著，這樣就導致別人以為他們沒出息、沒能力。這顯然是一種錯誤的觀點，知足並不代表不進取，無大志，它只是我們生活的一種態度而已，是一種看透世事無常後的大徹大悟。

可以體會人生的酸甜苦辣，做過自己所喜歡的事，豐衣足食，愛己所愛，沒有虛度歲月年華，心靈從容富足，無論貧富貴賤，都可以安心。生長於貧困之家與生長於富貴之家，人生中的得意與失意，都不可看得太重。如果以不義的手段取得財富和尊位，好像浮雲一樣，既不會長久，也不值得看重。這是孔子的一番話。

他還說：人都有利心，這是不可避免的，但是要去貧賤、求富貴都必須以是否符合「義」為前提，「重義」應該是人的本分，因為欲望是無止境的，如果不顧一切手段，謀求富貴，最後吃虧的還是自己。荀子說：「如果去爭奪財貨，而不知道辭讓，只是商人盜賊。以這樣的姿態去揮霍自己的精力與生命，本身就是對生命的一種褻瀆。」

【經典案例】

莊子講過一個支離疏的故事：

南方楚國有一個人叫支離疏，他的形體是造物主的一個傑作，或者說是造物主在心情愉快時開的玩笑，脖子像絲瓜，腦袋形似葫蘆，頭垂到肚子上而雙肩高聳超過頸子，頸後的髮髻蓬鬆似鳥巢，背駝得兩肋幾乎和大腿並列。

然而支離疏卻暗自慶幸，感謝上蒼獨鍾於他，平日裡樂天知命，舒心順意，日高尚臥，無拘無束，替人縫衣洗服，簸米篩糠，可以餬口度日；當君王準備打仗，在國內強行徵兵時，青壯漢子如驚弓之鳥，四散逃入山中。支離疏偏偏聳肩晃腦去看熱鬧，他這副尊容誰敢要，所以他才那樣大膽放肆。當楚王大興土木，準備建造王宮而攤派差役時，庶民百姓不堪騷擾，而支離疏卻因形體不全而免去勞役。每逢寒冬臘月官府開倉賑貧時，支離疏欣然前去領取三種小米和十捆粗柴，仍然不愁吃不愁穿。

老子說：「有所為才可以有所不為。」換句話說，能知足才知不足。知足與不知足是一個量化的過程，我們不會把知足停留在某個程度上，也不會把不知足固定在某個需要上。不同的年代，不同的環境，不同的階層，不同的年齡，不同的生活經歷，知足與不知足總會相互轉化。窮苦的年輕人還是不要知足的好，唯有這樣，生活才會改觀；暴發戶們，對於精神生活的追求多一些也許可以提升本身的生活品質。

知足使人平靜、安詳、達觀、超脫；不知足使人騷動、搏擊、進取、奮鬥；知足的智慧在於知不可行而不行，不知足的智慧在於可行而必行之。知不可行而勉為其難，勢必勞而無功；知可行而不行，則是墮落和懈怠。這兩者之間實際上存在一個「度」的問題。度就是分寸，是智慧，更是水準，只有在合適溫度的條件下，樹木才會發芽，而不至於把鋼材煉成生鐵。在知足與不知足之間，應該更多地傾向於知足。因為它會讓我們心中坦然，無所取，無所需，就不會有太多的負擔。在知足的心態下，一切都會變得合理、正常、坦然，我們還會有什麼不切合實際的欲望和要求？

知足是一種境界。知足的人總是微笑著面對生活，在知足的人眼裡，世界上沒有無法解決的問題，沒有渡不過的河，他們會為自己尋找合適的台階，絕對不會庸人自擾。

有一首《不知足歌》，歌詞是這樣的：

終日茫茫只為饑，方得飽來便思衣。
衣食兩般俱豐足，房子又少美貌妻。
娶下嬌妻並美妾，出入無轎少馬騎。
騾馬成群轎已備，田地不廣用難支。
買得田園千萬頃，又無官職被人欺。
七品五品猶嫌小，四品三品猶嫌低。
一品當朝為宰相，又想神仙對局棋。
種種妄想無止息，一棺長蓋念方灰。

這首歌的作者最後說：「不知足」是人間活地獄，活百年也無一刻之樂境，每日只生無限之愁嘆！不與人比，堅持自己的價值觀，不用處心積慮地算計別人，懂得知足，你就會擁有真正而長久的快樂。

大方無隅

【語譯】

最方正的反而沒有稜角。

【原文釋評】

老子說，最方正的反而沒有稜角。其含義是人應該突破各種限制，尤其是心靈的限制，讓靈魂自由飛翔，像「道」一樣無形無象，不被拘不被束。

有一種蟲兒叫跳蚤，是跳高能手。如果把牠放在桌子上，用手一拍，牠可以跳很高，高度是自己身高的百倍以上，這在動物界是屈指可數的。科學家們在跳蚤的頭上罩上一個玻璃罩，再迫使跳蚤跳動，每次跳蚤都碰到玻璃罩。這樣連續多次以後，跳蚤改變自己可以跳起的高度來適應新環境，每次跳起的高度總保持在罩頂以下。科學家們逐漸改變玻璃罩的高度，跳蚤經過數次碰壁之後又主動改變自己跳起的高度。

最後，玻璃罩接近桌面，跳蚤無法再跳了，只好在桌子上爬行。經過一段時間，科學家把玻璃罩拿走，再拍桌子，跳蚤仍然不會跳，「跳蚤」變成「爬蟲」。「跳蚤」變成「爬蟲」，並不是因為牠已經失去跳躍的能力，而是由於一次次遭受挫折學乖了，習慣了，最後麻木了。最可悲的地方就是：雖然玻璃罩已經不存在，跳蚤卻連「再試一次」的勇氣都沒有。玻璃罩的限制已經深深地烙印在牠那十分有限的潛意識裡，反映在牠的心靈上。

動物是這樣，人也是這樣，心理學家把這種現象叫做「自我設限」。

一個人在成長的過程中，特別是幼年時代，遭受父母和老師太多的批評和打擊或遭受挫折，於是奮發向上的熱情、欲望就被「自我設限」壓制和封殺。在這種情況下，如果沒有得到及時的疏導與激勵，他們就會對失敗惶恐不安，對失敗習以為常，逐漸喪失信心和勇氣，逐漸養成懦弱、猶疑、狹隘、自卑、孤僻、害怕承擔責任、不思進取、不敢奮鬥的習慣。

一個小孩在看完馬戲團精彩的表演後，隨著父親到帳篷外拿乾草餵養表演完的動物。

小孩注意到一旁的大象群，問父親：「爸，大象那麼有力氣，為什麼牠們的腳上只繫著一條小小的鐵鏈，難道牠無法掙開那條鐵鏈逃脫嗎？」

父親笑了笑，耐心為孩子解釋：「沒錯，大象掙不開那條細細的鐵鏈。在大象還小的時候，馴獸師就是用同樣的鐵鏈來繫住小象。那個時候的小象，力氣還不夠大，小象起初也想掙開鐵鏈的束縛，可是試過幾次之後，知道自己的力氣無法掙開鐵鏈，就放棄掙脫的念頭，等小象長成大象後，牠就甘心受那條鐵鏈的限制，而不再想逃脫。」

在大象成長的過程中，人類聰明地利用一條鐵鏈限制牠，雖然那樣的鐵鏈根本繫不住大象。

在我們成長的環境中，是否也有許多肉眼看不見的鏈條繫住我們？我們也就自然將這些鏈條當成習慣，視為理所當然。就這樣，我們獨特的創意被自己抹殺，認為自己無法成功致富；認為自己難以成為配偶心目中理想的另一半，無法成為孩子心目中理想的父母、父母心目中理想的孩子。然後，開始向環境低頭，甚至開始認命、怨天尤人。

這一切都是我們心中那條繫住自我的鐵鏈在作祟。或許，你必須耐心靜候生命中來一場大火，逼得你非得選擇掙斷鏈條或甘心遭大火吞噬。你還有一種不同的選擇：你可以當機立斷，運用我們內在的能力，立即掙開消極習慣的捆綁，改變自己所處的環境，投入另一個嶄新的領域中，使自己的潛能得以發揮。

不管是哪一種，這些心靈的枷鎖都會加重你的負擔，使你步履艱難甚至壓得你喘不過氣，只有把它們卸下來，才可以一身輕鬆地去奮鬥，朝著你的目標邁開步伐、勇往直前。

追隨自己的激情，追求自己最嚮往的事情，不怕失敗，不在乎別人怎麼說，你就可以擺脫心靈的枷鎖，自由自在。

【經典案例】

艾倫是一位非常成功的經濟學家，她在加拿大溫哥華的一家主要金融機構擔任很高的職位。她有兩個孩子和一個溫暖的家庭。但是她總感覺自己好像失去什麼，生活並不是很完美。當她十六歲時，她第一次上舞蹈課，她滿懷熱情地想要成為一名舞蹈家，雖然她經常學習舞蹈，做一些半專業化的表演，但她始終沒有顯示出在舞蹈方面想要成功所必備的才能。在商務方面，她卻顯得駕輕就熟。她獲得經濟學碩士學位，建立成功的事業。

「我父母曾經教導我，要做就要做你可以做得好的，如果你不能把某件事做得很好就不要做。雖然我對跳舞有熱情，但是我沒有成為偉大舞蹈家的天賦。我經常在心裡進行無法形容的鬥爭，無法決定是否要繼續跳下去。」

考慮到父母的教導，壓制住自己的激情，艾倫全心地投入到家庭和工作中。可是她從沒有放棄在一個完整的舞劇中創作和表演的夢想，雖然她總是說服自己是因為沒有時間、能力、創造力和資金來使這件事成功。

有一次，她無意中從廁所的鏡子裡看到令她吃驚的一幕，自己僅有三十二歲，但是看上去卻像個老婦人，也許再也不能在舞台上跳舞，心中回味著不能實現自己夢想的一生。就在那個時候，她下定決心去練習舞蹈，完成一次表演，即使人們笑話她，即使她一個人在只有空蕩的劇場裡跳舞，她也要將這個夢想變成現實。就在那天，她跳上一輛計程車，懷著不可動搖的決心返回到舞蹈課程的學習中。

艾倫發現她不必為了追求自己的夢想而放棄生活的其他方面。「我一直以為，如果我做一些需要付出很大努力的事情，就很難顧及其他事情，例如：孩子或工作。但是事實並非如此，其他工作的參與反而使我的工作效率更高，在工作中取得更大的成績。我在工作中表現出更大的信心和自我意識，和孩子們在一起也更有樂趣和更加自然。孩子們和我一起參加演出、賣票、調度燈光，他們也非常喜歡做這些事。我們作為一家人所共同度過的時光也更美好，確實更加美妙。」

在辦公室和在舞台上，她繼續著自己的兩個職業。她現在已經是英國哥倫比亞保險公司——加拿大最大機構的總裁和總經理。作為她自己公司的總裁，她是一位深受歡迎的企業顧問和發言人。同時，她仍然找出時間，製作、編寫、演出四部舞劇，許多觀眾觀看演出，並且好評如潮。

艾倫成功地掙脫心靈的枷鎖，使自己的生活更加豐富精彩，這不是對「大方無隅」最生動、最具體的詮釋嗎？

使我介然有知，行於大道，唯施是畏

【語譯】

假使我確實有智慧，就要走在大道上，只是害怕走上邪路。

【原文釋評】

大徹大悟的老子深知追名逐利的危險，所以他告誡世人不可為名利捨棄一切，走上邪路。然而，為追名逐利而走上邪路的事例卻屢見不鮮。

【經典案例】

唐朝詩人宋之問有一外甥叫劉希夷，很有才華，是一個年輕有為的詩人。一日，劉希夷寫了一首詩，叫做《代白頭吟》，到宋之問家中請舅舅指點。當劉希夷誦到「古人無復洛陽東，今人還對落花風。年年歲歲花相似，歲歲年年人不同」時，宋之問情不自禁連連稱好，忙問此詩可曾給他人看過，劉希夷告訴他剛寫完，還不曾給別人看。宋之問就說：「你這詩中『年年歲歲花相似，歲歲年年人不同』二句，著實令人喜愛，如果他人不曾看過，讓與我吧！」劉希夷說：「此二句是我詩中之眼，如果去之，全詩無味，萬萬不可。」晚上，宋之問睡不著覺，翻來覆去只是念這兩句詩。心想，此詩一問世，就是千古絕唱，名揚天下，一定要想辦法據為己有。於是起了歹意，命人將劉希夷活活害死。後來宋之問獲罪，先被流放到欽州，又被皇上勒令自殺，天下文人聞之無不稱快！劉禹錫說：「宋之問該死，這是天之報應。」

俗話說「雁過留聲，人過留名」，誰也不想默默無聞地活一輩子，自古以來胸懷大志者多把求名、求官、求利當作終生奮鬥的三大目標。三者能得其一，對一般人來說已經終生無憾，如果可以盡遂人願，更是幸運之至。然而，從辯證法角度看，有取必有捨，有進必有退，就是說有一得必有一失，任何獲取都需要付出代價。問題在於，付出的值不值得。為了公眾事業，民族和國家的利益，為了家庭的和睦，為了自我人格的完善，付出多少都值得，否則付出越多越可悲。老子所說的淡泊名利，正是從這個意義上提出的人生命題。在求取功名利祿的過程中，奉勸諸君少一點貪欲，多一點節制，莫為名利遮住眼睛。

名利之心人皆有之，這當然是正常的，問題是要能控制得當，不要把名利看得太重，到達接近極限的時候，要能把握分寸，跳得出這個圈子，不為名利之爭而捨棄一切。宋之問、拉比丹諾等也並非無能之輩，在他們各自的領域裡都是很有建樹的人。以宋之問來說，即使不奪劉希夷之詩，也已經名揚天下。糟的是，人心不足，欲無止境！俗話說，錢迷心竅，豈不知「名」也迷心竅。如果被迷，就會使原來還有一些頗有才華的「聰明人」變得糊里糊塗，使原來很清高的文化人變得既不「清」也不「高」，做起連老百姓都不齒的骯髒事情，以致弄巧成拙，美名變成惡名。

還是東坡先生說得好：「苟非吾之所有，雖一毫而莫取。」美名美則美矣！只是對於那些還有一點正義感和良知的人，面對不屬於他的美名，受之可以，坦然卻未必辦得到！得到的是美名，得到的也是一座沉重的大山，一條捆縛自己的鎖鏈，早晚會被壓垮，壓得喘不上氣來。如果真有人對此能坦然受之，這個人的品格也就不值一提！

歷史上有許多不追求名利的人，最後反而得到名利。

《儒林外史》記載，元朝末年，有一人名叫王冕，在諸暨縣鄉村居住。七歲亡父，他母親做些針線活，供他到村學堂裡去讀書。他十歲時因為家裡窮，只好到隔壁人家放牛，每月得幾錢銀子，又有現成飯吃。這樣一來，王冕也沒有什麼不樂意的。

王冕一邊放牛，一邊讀書。某日大雨過後，景色清新優美，湖裡有十來支荷花，苞子上清水滴滴，荷葉上水珠滾來滾去。王冕看了一會兒，決心學畫，就託人買些胭脂鉛粉之類，學畫荷花，畫到三個月後，荷花的精神顏色無一不像，就有人來購買，名聲逐漸傳出去，自此不愁衣食，更加自由自在。

一個在京城做官的書法家回鄉居住，見到王冕的畫，愛不釋手，即約王冕相見，王冕推辭不去，無非是不想趨炎附勢，招災引禍。知縣來請，也躲到一邊不見。王冕怕大禍臨頭，就出遠門了。他在外邊租了小門面，賣卜測字，聊以度日。縣裡幾個俗財主，見到王冕的畫，經常要買，王冕被鬧騰得不耐煩，就搬走了。母親病倒在床，臨終前對王冕說：「我眼見不濟事了。這幾年來，每個人都在我耳根前說你有學問，勸你去做官。做官不是光宗耀祖的事，我看做官的都不會有好下場。況且你的性情高傲，更容易惹是非。我兒可聽我的遺言，將來娶妻生子，守著我的墳墓，不要出去做官，我死了，口眼也閉。」王冕含淚應諾。

僅僅一年有餘，天下就大亂。朱元璋拜請王冕出山，王冕不從，更引起朱元璋的好感。明朝建立後，朱元璋又請王冕出來做官，授予他諮議參軍之職，但使者到來時，王冕早已連夜逃往會稽山中。後來得病在家中安然去世，被山鄰安葬。

在名利問題上，得失的對立似乎特別明顯。然而究其實，兩者總是相互轉化的，得到反而意味著失去，失去反而意味著得到，甚至得失的不僅是名利，還有身家性命。在表面上放棄它，反而可以永久地保存。

名與身孰親？身與貨孰多？得與亡孰病？是故甚愛必大費，多藏必厚亡。

【語譯】

名譽、名聲和生命到底哪個更重要？自身與財物相比，何者是第一位？得到名利地位與喪失生命相衡量起來，哪個是真正的得到，哪個又是真正的喪失？

所以，過分追求名利地位就會付出很大的代價，龐大的儲藏如果有變必然是巨大的損失。

【原文釋評】

老子告訴我們，應該站在什麼樣的立場上看得失的問題。也許一個人可以做到虛懷若谷、大智若愚，但是如果吃虧，總覺得自己在遭受損失，逐漸地就會心理不平衡，於是就會計較自己的得失，再也不肯忍氣吞聲地吃虧，一定要分辨得明白，結果朋友之間、同事之間是非不斷，而所想到的也照樣沒有得到，這是失的多還是得的多？

每一種生活都有它的得與失，正如俗話所說：「醒著，有得有失；睡下，有失有得。」所以我們應該正視人生的得失，世間之物本來就是來去無常，所以得到的時候要懂得珍惜，失去的時候也不必無所適從。月亮即使有缺，也依然皎潔；人生即使有憾，也依然美麗。不捨棄別人都有的，就得不到別人都沒有的。會生活的人失去的多，得到的更多，只要這樣一想，你就會有一種釋然頓悟的感覺。

人在大的得意中經常會遭遇小的失意，後者與前者比起來，可能微不足道，但是人們卻往往會怨嘆那小小的失，而不去想想既有的得。

其實得到固然令人欣喜，失去卻也使人傷心。得到的時候，渴望就不再是渴望，於是得到滿足，卻失去期盼；失去的時候，擁有就不再是擁有，於是失去所有，卻得到懷念。得與失本身就是無法分離：得中有失，失中又有得。

【經典案例】

《孔子家語》裡記載：有一天楚王出遊，遺失他的弓，下面的人要找，楚王說：「不必了，我掉的弓，我的人民會撿到，反正都是楚國人得到，又何必去找？」孔子聽到這件事，感慨地說：「可惜楚王的心還是不夠大！為什麼不講人掉了弓，自然有人撿得，又何必計較是不是楚國人？」

「人遺弓，人得之」應該是對得失最豁達的看法。以常情而言，人們在得到一些利益的時候，大多喜不自勝，得意之色溢於言表；而在失去一些利益的時候，自然會沮喪懊惱，心中憤憤不平，失意之色流露於外。但是對於那些高尚的人來說，他們在生活中能「不以物喜，不以己悲」，並不把個人的得失記在心上。他們面對得失心平氣和、冷靜以待。如晉代的陶淵明在官場打滾十多年之後，認為官場是汙濁的、骯髒的，他置身其中總有一種格格不入的感覺。於是，他毅然決然辭官還鄉，他失去功名利祿，失去工作，沒有養家餬口的憑藉，但是卻毫無遺憾和留戀。「採菊東籬下，悠然見南山。」精神上的這些得意和輕鬆，是任何物質的東西都難以取代的，陶淵明不被世俗所束縛，捨棄物質利益，放飛心靈的偉大壯舉，千百年來，令多少人「高山仰止，心嚮往之」。

當我們在得與失之間徘徊的時候，只要還有抉擇的權利，我們就應該以自己的心靈是否能得到安寧為原則。只要我們可以在得失之間做出明智的選擇，我們的人生就不會被世俗所淹沒。

我們不要做患得患失之人，不要在生活中計較太多，不要做錙銖必較、追名逐利之徒。面對得失我們一定要有清醒的頭腦，不要把得失看得太重，在得的後面，可能潛藏失，只有那些短視的人，才只顧眼前利益，看不見利益背後的隱患；失的後面也有可能潛藏得，只是有些人因為目光短淺對此不作深入分析，只看到是一種失，就避之唯恐不及，進而與「失中之得」擦肩而過。

中國歷史上很多先哲都明白得失之間的關係，他們看重的是自身的修養，而非一時一事的得與失。春秋戰國時期的子文，擔任楚國的令尹。這個人三次做官，任令尹之職，卻從來不會喜形於色，三次被免職，也怒不形於色。這是因為他心裡平靜，認為得失和他沒有關係。子文心胸寬廣，明白爭一時得失毫無用處。應該失去的爭也不一定可以得到，越得不到，心理越不平衡，對自己毫無益處，不如不計較這些損失。

患得患失的人是把個人的得失看得過重。其實人生百年，貪欲再多，官位權勢再大，錢財再多，也一樣是生不帶來死不帶去。可是偏偏有人處心積慮，挖空心思地巧取豪奪，難道就是人生的目的？這樣的人生難道就完善、幸福嗎？過於注重個人的得失，會使一個人變得心胸狹隘，斤斤計較，目光短淺。如果將個人利益的得失置於腦後，就可以輕鬆對待身邊所發生的事，遇事從大局著眼，從長遠利益考慮問題。

南朝梁人張率，十二歲時就會做文章。天監年間，擔任司徒的職務，在新安的時候，他曾經派家中的僕人運三千石米回家，等運到家裡，米已經耗去大半。張率問其原因，僕人們回答：「米被老鼠和鳥雀吃掉了。」張率笑著說：「好大的鼠雀！」後來始終不再追究。張率不把財產的損失放在心上，是他的為人有氣度，同時也看出來他的作風。糧食不可能被鼠雀吞掉那麼多，只有可能是僕人所為，但是追究起來，主僕之間關係僵化，糧食還可以收得回來嗎？糧食已經很難收回，又造成主僕關係的惡化，這不是失得更多更大嗎？

唐朝柳公權家裡的東西總是被奴婢們偷走，他曾經收藏一筐銀盃，雖然筐子外面的封印依然如故，可是其中的杯子卻不見了，那些奴婢反而說不知道。柳公權笑著說：「銀盃已經化成仙。」從此不再追問。

《老子》說：「禍往往與福同在，福中往往就潛伏著禍。」得到不一定就是好事，失去也不見得是件壞事。正確地看待個人的得失，不患得患失，才可以真正有所得。人不應該為表面的得到而沾沾自喜，得也應該得到真的東西，不要為虛假的東西所迷惑。失去固然可惜，但是也要看失去的是什麼，如果是自身的缺點和問題，這樣的失又有什麼值得惋惜？

大成若缺

【語譯】

最完美的東西表面看上去有缺陷。

【原文釋評】

老子說，大的成就仍然像有缺陷，仍然顯得不完美，可見世間沒有終極的完美。完美只是一種假設，存在於想像中。所以極力追求完美就會被完美所累，就不會快樂。正確的方法是不追求完美。

不完美代表一種缺憾，一種距離，有這種缺憾和距離我們才會不斷追求，不斷完善，從中獲得快樂，如果失去這種追求的快感和距離的美感，人生是多麼的枯燥和單調！所以從這個角度來說，不完美也是一種美。

【經典案例】

席勒在《遺失的部分》一書中，有一個寫給中學生的寓言：

一個圓的一部分圓弧被切去，它希望自己是一個完美的圓，因此就四處尋找它遺失的那一部分，但是因為它不是一個完整的圓，所以只能慢慢滾動，由此它得以沿途欣賞花草的芬芳、陽光的明媚，並且與蚯蚓娓娓而談。途中，它也發現許多圓遺失的部分，但是沒有一片可以與自己相匹配，因此必須繼續尋找。

有一天，圓找到自己遺失的那部分，與自己相配得天衣無縫。它高興極了，因為它又是一個完美的圓。它又開始飛快的滾動，快得連花都看不清楚，更不用說與蚯蚓談話。它發現在快速滾動中世界整個改變了，許多美好的東西都失去了，於是它又停下來，將千辛萬苦找回的那一部分丟在路旁，然後慢慢地滾動著行走。這其實說明一個道理：有缺憾時拼命追求完美，如果擁有完美的一切，反而沒有夢想，沒有渴望，沒有奮鬥的激情與快樂。

不能容忍美麗的事物有所缺憾，是許多人的一種普遍的心態。對許多年輕人來說，追求盡善盡美是理所當然的。他們從未想過，正是這種似乎無關緊要的態度，給他們的生活帶來巨大的壓力。

生活有太多的不盡人意和遺憾，例如：有情人不能終成眷屬，高考不能金榜題名，事業不能大展宏圖，子欲孝而親不在……刻意去追求完美只會使自己疲憊不堪。

你不必因為一次考試少幾分而耿耿於懷；不必因為說過一句錯話、犯一個小過錯而久久內疚；不必因為好朋友的一個小缺點而感到遺憾；不必因為一頓不可口的飯菜而埋怨；不必因為一次考試名落孫山而垂頭喪氣；不必因為錯過一次提拔機會而怨天尤人；不必因為一次失敗而放棄你的全部計畫。不是每一粒種子都可以找到它生長的土壤，不是所有的付出最終都有回報，不是所有的好心都得到好報。

哲理詩人赫塞說：**「生命並不是一種計算，它不是一種數學的總合，而是一種奇蹟。」**

傅雷說：**「真正的光明並非沒有黑暗的時刻，只是永遠不為黑暗所淹沒。」**

接受不完美，你才可以面對現實，也才可以更好地面對生活。不必強求完美，你會少一些抱怨和哀嘆，多幾分坦然和灑脫，以豁達的心態坦然地走你的人生之路。

夫唯無以生為者，是賢於貴生

【語譯】

只有不在生活方面過分看重享受的人，才會比貪求個人生活奢侈安逸的人高明。

【原文釋評】

過去人們在物質上只求溫飽，按照自己的本性過一種自然的生活，辦事只求心安，精神只求舒暢，心靈只求寧靜，因此他們享受著清閒和快樂。

現代已經不可能有這種快樂，我們只有享樂而沒有快樂。快樂是精神適意、安寧、自足，享樂則從來沒有安寧和自足感。例如：一次賺了許多錢、在酒吧間遇到一個妖豔的女郎、中了彩券、大吃一頓、打麻將贏錢……只是自己欲望暫時的滿足。享樂需要經過不斷的刺激才可以獲得，刺激一停止就又感到無聊。

一個人的精神快樂並不需要榮華富貴和金錢女人，這些東西都不屬於生命本身，真正的快樂是從生命的本性流露出來的，它來自於生命的內部。享樂則來自於生命的外部，它是身外之物刺激的結果，因而，享樂常與放蕩、荒淫、墮落連在一起，享樂與墮落只有一線之隔，甚至許多享樂本身就是墮落。

快樂的心境是自在安寧的，享樂則狂熱放縱，有時候還失去理智。得意就徹底狂歡，失意就垂頭喪氣，受創傷更是失魂落魄。享樂者的心裡總得不到安寧，受到的刺激不同他們的心情就不同：時而狂喜，時而憤怒，時而大笑，時而悲傷，時而放縱，時而怯懦，時而浮躁，時而嘆息……

快樂可以不受外物的影響，不為窮困而苦惱，不為富貴而得意，這是由於快樂不是來於外物的刺激而來自心靈。快樂是一個人具有生活目的、人生信念和創造樂趣後的一種情感狀態，又是與對人生的憧憬、對未來的希望連結在一起。

相反的，享樂正是缺乏生活目的，沒有人生信念，更沒有創造樂趣，享樂者認為人生沒有什麼信念和意義可言，人生就是為了吃喝玩樂。許多享樂者今朝有酒今朝醉，瞻望前途，不寒而慄，所以享樂背後是病態和失望。舊的刺激剛過去又要立刻尋求新的刺激，否則享樂者就會百無聊賴，就會顯得惶惶不安。

人活著當然要吃肉，但是不能為吃肉而活著；人活著應該穿高級時裝，但是穿高級時裝就是人生的目的嗎？如果我們把穿和吃作為人生的目的，如果有穿有吃以後，人生就會失去目標，因而也就變得空虛和無聊。

吃穿只是人的一種基本的生理需要，它們是人的各種需要中最低層的一種，這種需要是人與動物共有的，可悲的是不少人把吃穿等基本需要當作人生的全部目的，把自己的生命意義限制在動物的層次上，因此當吃穿等基本需要得到滿足以後就不可能有新的追求。吃飽穿暖以後就無事可做，人身上的能量又需要釋放；既然把自己生命的意義限制在動物的層次上，釋放本能的方式就只是發洩下流的獸欲，拿著錢找情人上酒店，追求各種所謂「刺激」的低級趣味，由享樂走向墮落，這在經濟發達的地區表現得尤其明顯。

有錢以後，可以當慈善家，也可以當惡霸，這就要看人的追求是高尚還是低下，看有沒有人生的根基，有沒有自己精神的支柱。

老子說：「不失其所者。」「所」的本意是處所或地方，這裡引申為根基或根本的意思。「不失掉根基，就可以長久」——老子這句話在現在尤其具有重要意義。

世界上的各種生物都有自己的根基，魚兒在水中歡快地游，離開水就很快喪命；樹木在沃土裡茁壯地長成，離開土壤就要乾枯。人的根基是什麼？人既是一個自然的動物，人像魚和樹一樣，離不開空氣、陽光、土壤，同時人又是社會動物，離不開精神的支柱和根基，這個支柱或根基就是老子所說的「道」。

我們正處在傳統的農業社會與現代文明社會的交接點上，傳統的人生觀受到懷疑和動搖，而新的人生觀又沒有確立，大家失去安身立命的基礎，找不到行為的準則是什麼，心中全然沒有主見，思想、行為、語言都模仿著電視廣告。

這是由於我們沒有精神的支撐點，沒有生活的目標，沒有高尚的追求，歸結到一點：我們失去人生的根基。人生沒有根基，生命成為無源之水、無本之木。

說真的，我們經常不知道自己愛什麼、恨什麼、需要什麼、做什麼。即使像談戀愛這種純粹的個人行為，在現代社會也被潮流化。大家總是看到別人去做什麼自己就做什麼，我們做的許多事情不是出於個人的主動選擇，而是隨波逐流的結果。因為大多數情況下，人們沒有明確的價值觀和人生觀，所以找不到「我應該做什麼」，而是「別人做什麼我就做什麼」、「人家怎樣我也怎樣」。沒有自己的個性，沒有自己的好惡，沒有自己的追求。我們就像水上漂浮著的殘枝敗葉，風把我們吹向哪兒就漂向哪兒，關鍵是我們沒有自己的「根」。

因此，我們的出路是努力找回自己的根基，找到自己的歸宿，找到自己精神的支柱。有人生的根基就會有人生的目的，有人生的目的就有主見，就會堅定不移地走自己的路，一舉一動就不會看別人的臉色。這樣一來，我們也就找回失落的自我。

老子
LAOZI

第三章：做人要有自知之明

老子說，真正的大丈夫有自知之明，並且可以自勝自強。他立身敦厚，存心樸實；他待人友善，有同情心，寬容，謙虛，勇於承擔責任，他是一個頂天立地的人。

自知者明

【語譯】

能認清自己的人是聰明的。

【原文釋評】

人貴有自知之明。現代人都有一種通病，就是不瞭解自己。我們往往在還沒有衡量清楚自己的能力、興趣、經驗之前，就一頭栽進一個過高的目標，而這個目標往往是在與人比較時得來的，而不是瞭解自己之後定出來的，所以我們每天要受盡自己的目標帶來辛苦和疲憊的折磨。

人如果總是與別人比較，總是希望獲得他人的掌聲和讚美，博取別人的羨慕，他就慢慢地迷失自己，否定真實的自己。一個人整天乞討獲得別人的掌聲，他的生活必然是空虛的。久而久之，他的生活就變成負擔和苦悶，而不是充實和快樂。所以，人貴在瞭解自己，根據自己能力去做事，才會有真正的喜悅。每個人都不相同，有些人聰明，有些人平庸；有些人強壯，有些人羸弱；每個人的性格、能力、經驗也各不相同。我們只有依照自己的潛能去發展，才會有真正的成功，真正的快樂。

有一些人自以為是，不懂裝懂，剛瞭解一些事物的皮毛，就以為掌握宇宙變化與發展的規律；還有些人沒有什麼知識，而是憑藉權力地位，招搖過市，就擺出一副無所不知的架勢，用大話、假話欺人、騙人。對於這些人，老子大不以為然。

在自知之明的問題上，中國古代哲人們有非常相似的觀點。孔子說：「**知之為知之，不知為不知，是知也。**」（《論語‧為政》）在老子看來，真正領會「道」之精髓的聖人，不輕易下斷語。只有這個態度，才可以使人不斷地探求真理。他還說：「**知，不知，上；不知，知，病。聖人不病，以其病病。夫唯病病，是以不病。**」意思是：知道自己還有所不知，這是很高明的。不知道卻自以為知道，這就是很糟糕的。有道的聖人沒有缺點，因為他把缺點當作缺點。正因為他把缺點當作缺點，所以他沒有缺點。

所以，老子認為「知不知」，才是最高明的。在古今社會生活中，剛愎自用、自以為是的人並不少見。這些人缺乏自知之明，剛學到一點兒知識，就以為了不起，進而目中無人，目空一切，甚至把自己的老師也不放在眼中。這些人肆意貶低別人，抬高自己，以為自己天下第一，這說到底，如果不是道德品格問題，就是沒有自知之明。

人需要瞭解自我之「短」。知其不足而後改之，是一種公認的美德。但是經常有一些人，或則只知其長，不知其短；或則雖知其短，但卻自諒，而不知其短之害；或則視「短」為「長」，甚至孤芳自賞。項羽力能扛鼎，才氣過人，少有大志；他的叔父項梁要他讀書，不成，又學劍術，不成，遭到叔父怒斥，項羽說：「書足以記名姓而已，劍，一人敵，不足學，學萬人敵。」意謂自己將來要指揮千軍萬馬，馳騁疆場，不學書劍又何妨。項羽不知其短，尚有可諒，而不知其短之害，甚至視「短」為「長」，卻是大錯！這也正是他後來雖有雄心，而無雄才，終至事敗的重要原因之一。

有人說：我自己還不瞭解我自己，這不是笑話嗎？「如魚在水，冷暖自知」。其實，問題絕對不是那麼簡單。僅以才能這一項來說，許多庸人卻以天才自居，狂妄自大，不安於平凡的工作；天才反而自輕自賤，悲觀畏縮，壓抑和埋沒自己潛在的優勢。

有些傑出的天才甚至長期被自卑所困擾。俄羅斯文豪屠格涅夫，在出版《獵人筆記》之前，一直懷疑自己的文學才華，幾次準備放棄文學創作。奧地利哲學家維根斯坦，寫出令人驚歎的不朽之作《邏輯哲學導論》後，仍然覺得自己缺乏哲學才能，一天半夜他去敲羅素的房門，失望地問這位英國的大哲學家：「我是不是白癡？我能不能從事哲學事業？」還有許多科學研究到了關鍵時刻，僅僅因為研究人員對自己才能缺乏自信導致半途而廢。

當然，人們更多的是被自傲所害，我們往往高看自己的長處。如今這個世界上，很少有人滿足自己的地位和財富，但很少人不滿意自己的才能。

怎樣才可以既不盲目驕傲又不妄自菲薄？這就需要我們進行廣泛的社會交往，人也和任何事物一樣，是在相互比較中獲得對自己的正確認識。例如：有人談到自己的能力時說：「比上不足，比下有餘。」這個認識就是經由比較得來的。同時，更重要的是要進行廣泛的社會實踐，在實踐中不斷豐富和修正對自己的認識。俗話說：「旁觀者清，當局者迷。」蘇東坡在《題西林壁》一詩中吟出：「不識廬山真面目，只緣身在此山中。」

我們自己看不清自己的主要原因，就和身在廬山反而看不清廬山真面目是同樣的道理。要有自知之明，還要讓自己跳出自我的小圈子，站在旁觀者的立場來分析和評價自己。曾子稱他每天反省自己三次。反省就是自己把自己作為對象進行審視，讓自己成為自己的審判官。魯迅先生曾經說：「我有時候解剖別人，但經常更嚴格地解剖自己。」這樣一來，才可以對自己有清楚的認識。

此外，從低谷中認識自己，也是一種智慧。

我們在日常生活中有時候情場失意、工作不得志、與家人無法溝通，甚至在工作中不被認同……我們常因為無法得到他人或是自己的認可與肯定而陷入低潮。當我們處在低潮時，其實正是好好反省、重新認識自己的時候，因為我們在所謂清醒的時刻，往往並非是真正的清醒。不管是刻意壓抑或是在潛意識中，都會在有意或無心的時候，否定內心各種的感受，也壓抑各種情緒，忽視自己心靈深處的呼喚。生活中的低谷就像在馬路上開車遇到紅燈一樣，是為了讓我們停下來做短暫的休息，伸個懶腰、做做深呼吸來放鬆緊張的精神，甚至可以看看是否走錯方向。車子在行進中需要集中注意力，如果沒有這些短暫的休息，肯定無法好好地繼續完成旅程。

然而一個人要做到有自知之明並不容易。《貞觀政要》有「知人既以為難，自知誠亦不易」的古訓，自知比知人更難，難就難在它不僅需要智慧，而且需要勇氣，敢於以挑剔的眼光面對自身的不足，經常是與自尊心和自信心相衝突的。

人在社會上需要給自己一個心理定位，不要越位也不要錯位，也不能不到位或是缺位。給自己定位定得太低，不可以自卑，人一自卑就沒有精神、沒有鬥志；也不要越位，越位以後容易傲慢自負，總是看不起別人；錯位更不行，你本來不適合當廠長或經理卻一定要爭，爭到最後徹底失敗。就好像一些教授學者，學問很好，可是無法當管理者。因為管理者需要管理、公關的能力；同樣的，當教授的未必適合當院長，有管理能力未必能做科學研究。如果可以認清自己並給自己合理的定位，生活會變得非常美好，自己也會心情愉悅；如果定位不當，你自己痛苦，對別人也是負擔。

自勝者強

【語譯】

可以戰勝自我的才是強者。

【原文釋評】

認識自我不是目的，認識自我是為了超越自我。老子與我們對人生世事的看法經常相反。「強」這個字眼一般是送給那些在激烈競爭中的勝利者，例如：拳王、擊劍能手、摔跤大王，被大家捧為「強者」。老子的看法卻是：「可以戰勝別人的只能叫做有力，而可以戰勝自己的才算強者。」

「強者」這頂桂冠只能戴在那些戰勝自己的人頭上。

古人說：「破山中賊易，破心中賊難。」這句話實在有道理。每個人都有自己不健全的情感、不良的生活習慣，甚至還有一些見不得人的欲望。如果我們成為這些情感和欲望的俘虜，我們就會變得荒淫、自私、貪婪、怯懦、懶惰，什麼壞事和醜事都做得出來，我們就成為披著人皮的野獸，任何一件有價值的工作也辦不好。要成就一番事業，首先就要有克制自己的能力。

以學習彈鋼琴來說，從鋼琴上彈奏出來的樂調實在妙不可言，但是學習彈鋼琴卻枯燥無味。有一個音樂家特地寫了一首鋼琴曲，表現練習鋼琴的單調無聊。在琴鍵上練習各個指頭的力量，翻來覆去彈奏同一支樂曲，許多人都無法忍受這種單調的動作，最後半途就中止練習。沒有自我克制的能力，絕對無法成為鋼琴演奏家。這實在是一語道破「成人不自在，自在不成人」的道理。成人立業沒有不斷地「破心中賊」的意志實在不行！

我們平時所說的做自我批評，就是不斷戰勝自我，把卑鄙的念頭和衝動去除。

一個人想要戰勝自己，關鍵是要自信。一個人在遇到挫折時會有兩種心態：一種是，我一定可以，這點失敗算什麼？另一種是，算了，認輸吧，再拼恐怕也躲不過失敗的厄運。這兩種心態中自信是天使，不自信是魔鬼，而且它們也都是最真實的你自己，最重要的是你要小心不要被魔鬼打敗。

【經典案例】

在日本，有一位學業成績十分優秀的年輕人，去報考一家大公司，結果名落孫山。這位青年得知這個消息後，深感絕望，頓生輕生之念，幸虧搶救及時，自殺未遂。不久傳來消息，他的考試成績名列榜首，是統計分數時，電腦出現差錯，他被公司錄用，但很快又傳來消息，說他又被公司解聘，理由是一個人連如此小小的打擊都無法承受，又怎麼可以在今後的職位上建功立業？這個青年雖然在分數上擊敗其他對手，可是他沒有打敗自己心理上的敵人，他的心理敵人就是懼怕失敗，對自己缺乏信心，遇到問題自己給自己製造心理上的緊張和壓力。

在追求成功的道路上，我們發現一部分人失敗，而另一部分人卻成功。這其中的主要原因是：前者是被心中的魔鬼打敗，而後者卻是打敗魔鬼，成全心中的天使。美國有一位叫凱絲·戴萊的女士，她有一副好嗓子，一心想當歌星，遺憾的是嘴巴太大，還有暴牙。她初次上台演唱時，努力用上嘴唇掩蓋暴牙，自以為那是很有魅力的表情，殊不知卻給別人留下滑稽可笑的感覺。有一位男聽眾很直率地告訴她：「暴齒不必掩藏，你應該盡情地張開嘴巴，觀眾看到你真實大方的表情，相信一定會喜歡你的。也許你所介意的暴牙，會為你帶來好運！」

一個歌唱演員在大庭廣眾之下暴露自己的缺陷，首先是要用理智說服自己，還要有勇氣打敗心中的那個有點凶悍強大的魔鬼。凱絲・戴萊接受這位男聽眾的忠告，不再為暴齒而煩惱，她盡情地張開嘴巴，發揮自己的潛能，終於成為美國影視界的大明星。

世界著名的游泳健將佛羅倫斯，一次從卡德林那島游向加利福尼亞海灣，在海水中泡了十六個小時，只剩下一海里時，她看見前面大霧茫茫，潛意識發出「何時才可以游到彼岸」的信號，她頓時渾身困乏，失去信心。於是她被拉上小艇休息，失去一次創造紀錄的機會。事後佛羅倫斯才知道，她已經快要登上成功的彼岸，阻礙她成功的不是大霧，而是她心中那個可怕的魔鬼。是她自己在大霧擋住視線之後，對創造新的紀錄失去信心，然後才被魔鬼所俘擄。

過了兩個多月，佛羅倫斯・查德威克又一次重游加利福尼亞海灣，游到最後，她不停地對自己說：「距離彼岸越來越近！」她的潛意識發出「我這次一定能打破紀錄！」的信號，頓時渾身來勁，最後佛羅倫斯・查德威克終於實現目標。

人有信心，就會產生意志力量。人與人之間，弱者與強者之間，成功與失敗之間最大的差異就在於意志力量的差異。人如果有自信，也就有力量，就可以戰勝自身的各種弱點，就可以做成在這個世界上能做的任何事情。人生最大的挑戰就是戰勝自己，唯獨自己是最難戰勝的。有一位作家說得好：「自己把自己說服，是一種理智的勝利；自己被自己感動，是一種心靈的昇華；自己把自己征服，是一種人生的成熟。凡是征服自己的人，就有力量征服一切挫折、痛苦和不幸。」

大丈夫處其厚，不居其薄；處其實，不居其華

【語譯】

大丈夫立身敦厚，不居於淺薄；存心樸實，不居於浮華。

【原文釋評】

老子很重視人的厚道，在《老子》一書中他反覆地從各個角度進行論述。老子認為「道之華」為「愚之始」，即高尚的道德是純真樸實的，如果偏於奢華，則是愚昧的開端。他還說：「善者，吾善之；不善者，吾亦善之。」為人要仁慈大度，多為他人著想，對誠實上進者抱以激勵之心，對消極後進者亦給予關懷和幫助，以誠信之心去感染轉化他人，進而創造出一種同心同德的群體氣氛。

「修之身，其德乃真；修之家，其德乃餘；修之鄉，其德乃長；修之國，其德乃豐；修之天下，其德乃普。」即修德養性之最終目的不僅要用於自身，而且可以用於社會和國家，要讓品德的光芒普照人間。

厚道不外乎「忠厚之道」，它包含誠實、善良、豁達、感恩、直率、助人為樂、愛恨分明等品格，濃縮幾千年來人類的精神美。對天性追求真善美的人類來說，沒有誰願意拒絕厚道，就從現在開始認真學習「忠厚之道」吧！

厚道對於人，可以說是立身之本。古語云：「君子不可苛察。」詩人薩迪也說過：「**無論你是一個男子，還是一個女子，待人溫和寬大才配得上人的名稱。**」可見，在為人要厚道這一點上，古今所見略同，沒有教人要刻薄的。

人和動物的一個根本區別就在於人的社會性，不論何時何地，人要在社會上立足、生存、發展，都要結成群體和衷共濟。誰都不可能獨來獨往，誰都喜歡厚道之人，從這個意義上講，不厚道無異於被人群棄絕。

厚道得人心，人們經常稱許那些善於大處著眼不計前嫌的人「有政治家的風度」，這種風度不應該只屬於政治家，我們都要這樣的為人處事。對上級、下屬、同事，厚道意味著諒解、體貼、信任、愛護。「水至清則無魚，人至察則無徒」，厚道待人，不僅贏得友情和尊重，而且往往是加倍的。

【經典案例】

唐代《國史補》中，記載一個「呷酒節帥」的故事：

一位名叫任迪簡的判官，一次赴宴遲到，按照規矩應該罰酒，倒酒的侍衛一時馬虎，錯把醋壺當酒壺，給判官倒了滿滿一盅醋，任判官一喝，酸不可忍，怎麼辦？他知道軍使李景治軍極嚴，如講出來，侍衛必有殺身之禍，於是咬緊牙關，一飲而盡，結果「吐血而歸」。事情傳出，「軍中聞者皆感泣」，無不讚揚任判官的厚道，他從此更受到眾人的擁戴。

為人要誠樸，就是要誠心誠意，樸實無華，以誠相待。「誠樸」還要求人有獨立人格，得勢時不要霸道、不要仗勢欺人，失意時不要媚俗、不要趨炎附勢。「誠」是個人和社會一切道德準則與行為規範的基礎，如果個人與社會都不講究「誠」，任何道德準則與行為規範都會成為無源之水、無本之木，個人信譽甚至整個社會的基礎就會動搖。

物或損之而益，或益之而損

【語譯】

事物有些減損反而增益，有些增益反而減損。

【原文釋評】

老子認為，善待別人而願意為別人付出的人，不會因為付出而使自己受損，反而會使自己得到更多的回贈。

【經典案例】

哈姆威是西班牙的一個製作糕點的小商販，在狂熱的移民潮中，他也懷著挖金的心態來到美國。但美國並非他想像中的遍地是金，他的糕點在西班牙出售和在美國出售，根本沒有多大的區別。

一九〇四年夏天，哈姆威知道美國即將舉行世界博覽會，他把自己的糕點工具搬到會展地點路易斯安那州。值得慶幸的是，他被政府允許在會場的外面出售他的薄餅。

他的薄餅生意實在糟糕，而和他相鄰的一位賣冰淇淋的商販生意卻很好，一會兒就售出許多冰淇淋，很快就把帶來的用來裝冰淇淋的小碟子用完了。心胸寬廣的哈姆威見狀，就把自己的薄餅捲成錐形，讓他盛放冰淇淋。賣冰淇淋的商販見這個方法可行，就要了哈姆威的薄餅，大量的錐形冰淇淋就進入顧客們的手中。令哈姆威意料不到的是，這種錐形的冰淇淋被顧客們看好，而且被評為世界博覽會的真正明星。

從此，這種錐形冰淇淋開始大行於市，逐漸演變成現在的蛋捲冰淇淋。它的發明被人們稱為「神來之筆」。有人這樣假設：如果當初兩個經銷商不靠在一起，更重要的是如果哈姆威不懂得善待他人，現在我們能不能吃到蛋捲冰淇淋還很難說。

在我們的生活中，我們聽到最多的是「你算老幾」、「你算什麼東西」、「你說的話分文不值」……這樣的話。之所以人們要如此對待他人，傷害他人，是因為大部分人看到別人，尤其是那些似乎無關輕重的「小人物」時，總是在想：他對我來說無所謂，他不能替我什麼，因此他很不重要。俗話說，不走的路都要走三遍。也許那個人現在對你不重要，但是也許某一天或某個特殊時候就顯得重要。

事實上，每個人，不管他的身分多麼微不足道，地位多麼的低賤，他對你都很重要。道理很簡單，就僅僅因為他是一個人。所以，當你滿足他的願望，使他意識到他對你很重要時，他就會更加賣力，對你會加倍地友好。

有一位公共汽車司機，是一個脾氣異常暴躁的大老粗，曾經幾十次、幾百次地甩下再有兩秒鐘就可以趕上的乘客，所以他在乘客中口碑極差。然而，他卻對一位跟他無親無故的乘客特別關照，不管多晚，這位司機一定會等他上車。

為什麼？就因為這位乘客想辦法使司機覺得自己很重要。那位乘客每天早上一上車都會跟司機打個招呼：「早安，先生。」有時候，他會坐在司機旁邊，跟他說些無關痛癢卻很中聽的話語，例如：你開車的責任很重！你開車的技術很好！你每天都在擁擠不堪的馬路上開車，真有耐心！真是了不起！於是，這位司機被捧得飄飄欲仙，這位司機想成為一個重要人物的願望得到極大的滿足，對那位說他好話的乘客自然就另眼看待。

如果你能像那位乘客一樣善待每個人，可以滿足他們成為一個重要人物的願望，並且長期地堅持下去，你就會在你的事業上取得成功。如果你是銷售商，顧客會向你買更多的東西；如果你是老闆，你的員工會更加努力地工作；如果你是員工，老闆也會更照顧你。

如果你仔細分析我們身邊的成功發展的人士，不難發現：那些真正的成功人士，尤其是取得巨大成就的成功人士，都會善待跟他有關的每個人，而且每個人都很尊敬他、看重他，因為他把那些人看得很高，滿足那些人的心理需求，因此他就可以從他們那裡獲得更大的好處。

學會在舉手投足之間撒下一顆顆關愛的種子，當它成長為參天大樹並為你帶來豐碩果實時，定會讓你驚喜不已。給予他人慈愛和真誠並不需要很多或是很昂貴的付出，有時候甚至是極其簡單的。

善待他人的反面就是漠視他人，甚至是算計陷害他人，其結果往往是害人害己。

在一個茫茫沙漠的兩邊，有兩個村莊。從一個村莊到另一個村莊，如果繞過沙漠走，至少需要馬不停蹄地走上二十多天；如果穿越沙漠，只需要三天就可以抵達。但是穿越沙漠實在太危險，許多人試圖穿越沙漠，結果無一生還。

有一年，一位智者經過這裡，讓村裡人找來幾萬株胡楊樹苗，每半里一棵，從這個村莊一直栽到沙漠那端的村莊。智者告訴大家說：「如果這些胡楊有幸存活，你們可以沿著胡楊樹來來往往；如果沒有存活，每個走路的人經過時，要將枯樹苗拔一拔，插一插，以免被流沙給淹沒。」

這些胡楊苗栽進沙漠後，很快就全部被烈日烤死，成為路標。沿著「路標」，這條路大家平安地走了幾十年。

村裡來了一個僧人，他堅持要一個人到對面的村莊去化緣。大家告訴他說：「你經過沙漠之路的時候，遇到要倒的路標一定要向下再插深些；遇到要被淹沒的路標，一定要將它向上拔一拔。」

僧人點頭答應，然後就帶了一皮袋的水和一些乾糧上路。他走著走著，走得兩腿酸累，渾身乏力，一雙草鞋很快就被磨穿，但眼前依舊是茫茫黃沙。遇到一些就要被塵沙徹底淹沒的路標，這個僧人想：「反正我就走這一次，淹沒就淹沒吧！」他沒有伸出手去將這些路標向上拔一拔。遇到一些被風暴捲得搖搖欲倒的路標，這個僧人也沒有伸出手去將這些路標向下插一插。

但就在僧人走到沙漠深處時，寂靜的沙漠突然飛沙走石，有些路標被淹沒在厚厚的流沙裡，有些路標被風暴捲走，沒有影蹤。

這個僧人像沒頭的蒼蠅似的東奔西走，卻怎麼也走不出這個大沙漠。在氣息奄奄的那一刻，僧人十分懊悔：如果自己能按照大家吩咐的那樣做，即使沒有進路，還可以擁有一條平安的退路！

給別人留路，其實就是給我們自己留路。善待他人，關愛他人，實際上就是善待自己，關愛自己。人類的短處，就在彼此誤解、彼此指責、彼此猜忌，假使人類可以減少或克服這種誤解、指責、猜忌，能彼此相互親愛、同情、扶助，假使我們能改變態度，不要一味去指責他人的缺點，而多注意一些他們的好處，則於己於人都有益處。因為由於我們的發現，他人也可以自覺到他們的好處，因此得到肯定、鼓勵與自尊，進而更加努力。假使人們彼此都有互愛的精神，世界一定會充滿愛和陽光。

心善淵

【語譯】

心胸如水一樣虛靜深遠。

【原文釋評】

老子認為，人應該寬容，讓心胸如水一般虛靜深遠，包容一切，也可以化解一切。

【經典案例】

古希臘神話中有一位大英雄叫海克力斯。有一天，他走在坎坷不平的山路上，發現腳邊有一個袋子似的東西很礙腳，海克力斯踩了那個東西一腳，誰知那個東西不僅沒有被踩破，反而膨脹起來，加倍地擴大著。海克力斯惱羞成怒，拿起一條碗口粗的木棒砸它，那個東西竟然長大到把路堵死。

正在這個時候，山中走出一位聖人對海克力斯說：「朋友，不要動它，忘記它，讓它遠去吧！它叫仇恨袋，你不犯它，它就小如當初，你侵犯它，它就會膨脹，擋住你的路，與你敵對到底！」

我們在茫茫人世間，難免與別人產生誤會、摩擦。如果不注意，仇恨袋就會悄悄成長，最終會導致堵塞通往成功之路。所以我們一定要記著在自己的仇恨袋裡裝滿寬容，我們就會少一分煩惱，多一分機會。

學會寬容，對於化解矛盾，贏得友誼，保持家庭和睦，婚姻美滿是至關重要的，同時，對你的工作也具有重要的推動作用。因此，寬容大度被認為是每個人必不可少的品格。

有些人看到別人升遷，就認為那是逢迎拍馬的結果；看到別人發財，就認為是幸運，或是違法亂紀所得……其實每個人的成就，都與他自身的努力密不可分。但如果缺乏寬容之心，你就看不到這些，這樣你將無法處理好人際關係，而且也喪失學習別人優點的機會。當然，確實有一些人靠著出風頭、逢迎拍馬，吸引上司的注意力，或是有些人靠著裙帶關係成為紅人，平時的工作都是你做的，但得到提拔的卻是他們，得到高薪的也是他們。但是這個時候你也一定要寬以待人，而不要嫉妒他們。因為任何一個公司真正需要的，就是像你這樣的人。你擁有知識以及解決問題的方法，而這些就是你的財富，它們會給你帶來更多的機會，讓你一步一步地攀上成功的頂峰。至於那些濫竽充數之徒，雖然一時春風得意，但是總有一天會露出馬腳。

如果我們可以從自己做起，寬容地看待別人，就一定會有許多意想不到的結果。當別人批評我們時，如果我們有一顆寬容的心，就可以心平氣和，審視自己。於是我們就會發現，別人的批評其實是一片好心。這樣一來，我們就會覺得世界依舊溫情脈脈。

但是，如果我們以敵視的眼光看待別人，對周圍的人戒備森嚴，心胸狹窄，隨時提防，最後會因為孤獨而陷入憂鬱和痛苦中。這樣一來，人與人之間就會因為一些無法釋懷的齟齬而造成永遠的傷害。

寬容待人，主動關心和幫助別人，這樣的人一定會為人所喜歡，受人尊重；反過來，別人也樂意為他們提供機會和幫助，所以寬以待人的人更容易成功。

寬以待人，就是說做人要心胸寬廣，忍耐性強，對別人寬厚容忍。有一位哲人曾經說：**「誰想在厄運時得到援助，就應該在平時寬以待人。」**一個平時寬厚的人，順利的時候可以與之共同奮鬥，困難的時候人們也會去幫助他。

羅爾先生就因寬容之心，頗富戲劇性地改變人生的困境。羅爾在維也納從事律師工作，一直到第二次世界大戰才回到瑞典。他身無分文，急需找到一份工作。他會好幾種語言，所以想找個進出口公司擔任文書工作。但大多數公司都回信說因為戰爭的緣故，他們目前不需要這種服務，但他們會保留他的資料。其中有一個人卻回信給羅爾說：「你對我公司的想像完全是錯誤的，你實在很愚蠢。我一點都不需要文書，即使我真的需要，也不會雇用你，你連瑞典文字都寫不好，你的信錯誤百出。」

羅爾收到這封信時，氣得暴跳如雷。這個瑞典人居然敢說我不懂瑞典話！他自己又如何？他的回信才是錯誤百出！於是，羅爾寫了一封足夠氣死對方的信。可是他停下來想著，對自己說：「等一下，我怎麼知道他不對？我學過瑞典語，但它並非我的母語。也許犯錯了，我自己都不知道。如果真的是這樣，我應該再加強學習，才可以做好工作。這個人可能還幫我一個忙，雖然他本意並非如此。他表達得雖然糟糕，但是不能抵消我欠他的人情，我決定寫一封信感謝他。」

羅爾把寫好的信揉掉，又寫了一封信：「你不需要文書，還不厭其煩地回信給我，真是太好了。我對貴公司判斷錯誤，實在很抱歉。我寫那封信是因為我查詢時，別人告訴我，你是這一行的領袖。我不知道自己的信犯了文法上的錯誤，我很抱歉並覺得慚愧。我會進一步努力學好瑞典語，減少錯誤。我要謝謝你幫助我成長。」

幾天後，羅爾又收到回信，對方請他去辦公室見面。羅爾如約前往，並且得到一份工作。

要成就大事，要養成良好的品德，就必須要有寬廣的胸襟，寬容待人，對他人的一些非原則性的缺點和過失多一些寬容與忍讓。寬容忍讓不僅是愛心的展現，也是思想境界的昇華。它可以使我們的心靈得到淨化和昇華，可以給我們帶來巨大的人格力量，使我們獲取友誼、贏得信任，可以推動我們的事業前進。

讓我們牢記這句古語吧：**「用爭奪的方法，我們永遠得不到滿足，但用寬容的方法，我們可能得到比我們期望的更多。」**

報怨以德

【語譯】

用恩德報答怨恨。

【原文釋評】

老子主張善待他人，即使是那些有意或無意傷害我們的人，我們也應該善待他，用恩德報答怨恨，化干戈為玉帛。古人云：「**人之有德於我也，不可忘也；吾有德於人也，不可不忘也。**」這句話的意思是：別人對我們的幫助，千萬不可以忘記。反之，別人如果有愧對我們的地方，應該樂於忘記。

佛法云：**故見怨或親，非理妄加害，思此乃緣生，受之甘如飴。**

因此，當怨敵或親友無理傷害我們的時候，我們應該立即想到「這些傷害都是從因緣聚合而生的」，於是欣然去承受。在日常生活中，每個人總要遇到一些他人的損害。一些人或怨敵會無端給自己製造眾多毆打、誹謗、侮辱、嘲諷……還有一些親友，以前也許相處得不錯，但是到了一定時候，他們也會翻臉不認人，平白無故地鬧許多是非，給我們帶來身心傷害。類似事件，每個人都會有過親身的體驗。面對他人的傷害，如果以牙還牙、以怨報怨，問題會越來越嚴重。因為他人進行傷害行為時，他的心為煩惱所制而無有自主，如果在此時遇到抵抗，定會如同火上澆油，嗔心會更熾盛。大家知道，「沙門四法」的原則是：**罵不還口，打不還手，不以嗔怒對嗔怒，不以揭短對揭短。**如果以怨報怨，就違背人必須遵循的行為準則，平時修持的功德，也就會在剎那之間毀壞殆盡。最終的結果，於人無益，於己有害，所以這種以怨報怨的行為，是萬萬不可採取的。

樂於忘記舊怨是一種心理平衡的一種方法。有一句名言叫做：「**生氣是用別人的過錯來懲罰自己。**」總是「念念不忘」別人的「壞處」，實際上最受其害的就是自己的心靈，把自己弄得痛苦不堪，何必？這種人，輕則自我折磨，重則就可能導致瘋狂的報復，最終害人害己。

樂於忘記舊怨是成大事者的一個特徵，只有既往不咎，才可甩掉沉重的心理包袱而大踏步地前進。人要有點「不念舊惡」的精神，況且在同事之間，在許多情況下，人們誤以為「惡」的，又未必就真的是什麼「惡」。退一步說，即使是「惡」，對方心存歉疚，誠惶誠恐，你不念舊惡，以禮相待，說不定也可以使對方改「惡」從善。

【經典案例】

唐朝的李靖，曾經擔任隋煬帝的郡丞，他最早發現李淵有圖謀天下之意，曾經親自向隋煬帝檢舉揭發。李淵滅隋後要殺李靖，李淵之子李世民反對這種報復行為，再三強求保他一命。後來，李靖馳騁疆場，征戰不疲，安邦定國，為唐朝立下赫赫戰功。魏徵曾經鼓動太子建成殺掉李世民，李世民同樣不計舊怨，量才重用，使魏徵覺得「喜逢知己之主，竭其力用」，也為唐王朝立下大功。

宋代的王安石對蘇東坡的態度，應該說也是有一點「惡」行。他當宰相那陣子竭力推行變法，因為蘇東坡與他政見不同，就藉故將蘇東坡降職減薪，貶官到了黃州，弄得他很淒慘。然而蘇東坡胸懷大度，他根本不把這件事放在心上，更不念舊惡。王安石從宰相位子跌下來後，兩人關係反而好起來。蘇東坡不斷寫信給隱居金陵的王安石，或共敘友情，互相勉勵，或討論學問，十分投機。

相傳，唐朝宰相陸贄有職有權時，曾經偏聽偏信，認為太常博士李吉甫結夥營私，就把他貶到明州做長史。不久，陸贄被罷相，貶到明州附近的忠州當別駕。後任的宰相明知李吉甫和陸贄有點私怨，就玩弄權術，提拔李吉甫為忠州刺史，讓他去當陸贄的頂頭上司，意在借刀殺人。

不料李吉甫不記舊怨，上任伊始，刻意與陸贄飲酒結歡，使那位現任宰相借刀殺人之陰謀成為泡影。對此，陸贄深受感動，就積極想辦法，協助李吉甫把忠州治理得一天比一天好。李吉甫不圖報復，寬待別人，也幫助自己。

將心比心，誰沒有過錯？當我們有對不起別人的地方時，是多麼渴望得到對方的寬容和諒解！

印度現代民族解放的著名領袖、非暴力主義宣導者、聖雄甘地也是「以德報怨」的典範，他從小在家庭中接受印度教的影響，並將「愛」的思想作為基礎，作為處世的哲學，主張「逢惡報善，以德報怨」。一九〇四年，甘地閱讀托爾斯泰的《天國就在你心裡》和英國作家魯斯金《等到這最後》之後，大徹大悟，認為人與人的關係都應該以愛為宗旨。從此，他一直過著苦行僧式的生活，將自己的整個身心都投入到獨立運動中。

當他為了讓印度教徒和穆斯林停止衝突而不斷用非暴力的絕食來感化他們時，一個印度教青年卻企圖刺殺他，當他倖免於難以後，仍然以德報怨，以仁愛的精神和寬容的胸懷，請前來的員警不要對這個青年施以暴刑，勸導他改惡從善。他死後人們給他極大的讚譽，稱他為印度的「國父」，連擔任過印度總督的英國將軍蒙巴頓都稱：「聖雄甘地的英名將如同釋迦牟尼和基督那樣千古永垂。」

一位名叫拉比的賣磚商人，由於另一位對手的競爭而陷入困難之中。對方在他的經銷區域內定期造訪建築師與承包商，告訴他們：「拉比的公司不可靠，他的磚塊不好，生意也面臨即將歇業的危險。」拉比對別人解釋說他並不認為對手會嚴重傷害到他的生意，但是這件麻煩事使他心中生出無名之火，真想「用一塊磚來敲碎那個人的腦袋作為發洩」。

「有一個星期天早晨，」拉比說：「牧師講道時的主題是要施恩給那些故意為難你的人，我就把在上個星期五我的競爭者使我們失去一份二十五萬訂單的事情跟牧師說。但是，牧師卻教我們要以德報怨，化敵為友，而且他舉出很多例子來證明他的理論。」

「當天下午，我在安排下週日程表時，發現住在維吉尼亞州的一位我的顧客，正因為蓋一間辦公大樓需要一批磚，對方所指定的磚型號並不是我們公司製造供應的，而與我競爭對手出售的產品很類似。同時，我也確定那位滿嘴胡言的競爭者完全不知道有這筆生意機會。」

這使拉比感到為難，是遵從牧師的忠告，告訴對手這項生意的機會，還是按照自己的意思去做，讓對方永遠得不到這筆生意？到底應該怎麼做？拉比的內心掙扎一段時間，牧師的忠告一直縈繞在他心頭。最後，也許是因為很想證實牧師是錯的，他拿起電話撥到競爭對手家裡。

接電話的正是那個對手本人，當時他拿著電話，難堪得一句話也說不出來。拉比還是禮貌地直接告訴他有關維吉尼亞州的那筆生意，結果那個對手很感激拉比。拉比說：「我得到驚人的結果，他不僅停止散布有關我的謠言，而且甚至還把他無法處理的一些生意轉給我做。」拉比的心裡也比以前感到好多了，他與對手之間的誤解也獲得澄清。以德報怨，化敵為友。這就是迎戰那些終日想要讓你難堪的人所能採用的上上策。

以其終不自為大，故能成其大

【語譯】

因為他始終不自以為偉大，所以可以成就他的偉大。

【原文釋評】

老子認為，真正偉大的人不自以為自己偉大，他是很謙遜的。謙遜是成功人士必備的品格，具有這種品格的人，在待人接物時能溫和有禮、平易近人、尊重他人，善於傾聽他們的意見和建議，能虛心求教，取長補短。對待自己有自知之明，在成績面前不居功自傲；在缺點和錯誤面前不文過飾非，能主動採取措施進行改正。

謙遜永遠是一個人建功立業的前提和基礎。不論你從事何種職業，擔任什麼職務，只有謙遜，才可以保持不斷進取的精神，才可以增長更多的知識和才能。因為謙遜的品格可以幫助你看到自己的差距。永遠不自滿，不斷前進可以使人能冷靜地傾聽他人的意見和批評，謹慎從事。否則，驕傲自大，滿足現狀，停步不前，主觀武斷，輕者使工作受到損失，重者會使事業半途而廢。

具有謙遜品格的人不喜歡裝模作樣，擺架子，盛氣凌人，可以虛心向群眾學習，瞭解群眾的情況。美國第三屆總統湯瑪斯·傑佛遜提出：「每個人都是你的老師。」傑佛遜出身貴族，他的父親曾經是軍中的上將，母親是名門之後。當時的貴族除了發號施令以外，很少與平民百姓交往，他們看不起平民百姓。然而，傑佛遜沒有秉承貴族階層的惡習，主動與各階層人士交往。他的朋友中當然不乏社會名流，但更多的是普通的園丁、僕人、農民或是貧窮的工人。他善於向各種人學習，懂得每個人都有自己的長處。

有一次，他和法國偉人拉法葉說：「你必須像我一樣到民眾家去走一走，看一看他們的菜碗，嘗一嘗他們吃的麵包，只要你這樣做，你就會瞭解到民眾不滿的原因，並會懂得正在醞釀的法國革命的意義。」由於他作風平易，深入民心，他雖高居總統寶座，卻很清楚民眾究竟在想什麼，他們到底需要什麼。這樣一來，他就在群眾關係密切的基礎上，進而造就他成為一代偉人。

謙遜的品格，還可以使一個人面對成功和榮譽時不驕傲，把它視為一種激勵自己繼續前進的力量，而不會陷在榮譽和成功的喜悅中不能自拔，把榮譽當成包袱背起來，沾沾自喜於一時之功，不再進取。居里夫人以她謙遜的品格和卓越的成就獲得世人的稱讚，她對榮譽的特殊見解，使很多喜歡居功自傲、淺嘗輒止的人汗顏不已。也正因為她高尚品格的影響，以後她的女兒和女婿也踏上科學研究之路，並再次獲得諾貝爾獎，成為令人敬仰的兩代人三次獲得諾貝爾獎的家庭。

為了取得傑出的成就，一定要把謙遜當作人生的第一美德來刻苦培養。

【經典案例】

托爾斯泰也是以謙遜聞名的，他雖然很有名，又出身貴族，卻喜歡和平民百姓在一起，與他們交朋友，從來不會擺出作家的架子。

有一次，他長途旅行時，路過一個小火車站。他想到車站上走走，就來到月台上。這個時候，一列客車正要開動，汽笛已經拉響了。托爾斯泰正在月台上慢慢走著，忽然一位女士從列車車窗裡衝他直喊：「老頭兒！老頭兒！快替我到候車室把我的手提包取來，我忘記提過來了。」原來，這位女士見托爾斯泰衣著簡樸，還沾了不少塵土，把他當作車站的搬運工。

托爾斯泰趕忙跑進候車室拿來提包，遞給這位女士。

女士感激地說：「謝謝啦！」隨手遞給托爾斯泰一枚硬幣：「這是賞給你的。」

托爾斯泰接過硬幣，瞧了瞧，裝進口袋。

這位女士身邊有一個旅客認出這個風塵僕僕的「搬運工」就是托爾斯泰，就大聲對女士說：「太太，你知道你賞錢給誰嗎？他就是列夫・托爾斯泰！」

「啊！老天爺啊！」女士驚呼起來：「我這是在做什麼？」她對托爾斯泰急切地解釋：「托爾斯泰先生！托爾斯泰先生！看在上帝面子上，請不要計較！請把硬幣還給我，我怎麼會給你小費，多麼不好意思，我這是做出什麼事情啊！」

「太太，你幹嘛這麼激動？」托爾斯泰平靜地說：「你又沒有做什麼壞事！這個硬幣是我賺來的，得收下。」

任何人都不喜歡驕傲自大的人，這種人在與他人合作中也不會被大家認可。你可能會覺得自己在某個方面比其他人強，但是你更應該將自己的注意力放在他人的強項上，只有這樣，你才可以看到自己的膚淺和無知。

任何一個人，都可能是某個領域的佼佼者，所以你必須保持謙遜，你看到自己的短處，這樣才會促使自己不斷地進步。

受國不祥，是謂天下王

【語譯】

可以承擔國家發生禍難的責任，才配做天下的君王。

【原文釋評】

老子認為，人應該有勇於承擔責任的魄力，這樣的人才可以有所作為。

在遇到困難的時候，一個主動承擔責任的人會讓大家十分尊敬，甚至就是局外人也會為對方這種正直和勇氣而欽佩不已。也許逃避一次責任會讓你竊喜，以為聰明本來就是屬於你的而別人是傻瓜。可是，只有當發現此後責任再也不會在你面前出現的時候你才會明白，那些承擔過責任的人有更豐富的經驗，有更好的職務，甚至老闆都和他稱兄道弟，他們其實並不傻。一個人承擔的責任越多越大，證明他的價值就越大。在公司裡，只有勇於承擔責任的員工才會得到老闆的信任，才會得到重用。**想證明自己最好的方式就是去承擔責任。**

一個人應該為自己所承擔的責任感到驕傲，因為你已經向別人證明，你比別人更傑出，你比他們更強。責任心是一個人一生能否有所成就的重要籌碼。如果你可以完全負起責任，你就是可託大事的人；反之，如果你習慣於敷衍塞責，應付了事，你可能永遠做不出成就。負責是一種正視自己的理性，也是敢於擔當的勇氣。

【經典案例】

一家集團公司招收一名部門經理，經過一番緊張的筆試和面試後，最後留下的有三個人。面試地點在總經理辦公室。總經理並沒有問他們一些關於業務方面的問題，只是饒有興趣的帶領他們參觀他的辦公室。最後，總經理指著一隻茶几上的花盆對他們說，這是他剛從一個拍賣會上買來的，花費好幾十萬元。就在這個時候，秘書走進來告訴總經理，說外面有點事情請他去處理。總經理笑著對三人說：「麻煩你們幫我把這張茶几挪到那邊的角落裡，我出去一會兒立刻回來。」說完，就隨著秘書走出去。

既然總經理有吩咐，這也是表現自己一個很好的機會，三人就連忙行動起來，茶几很重，必須三人合力才可以移得動。當三人把茶几小心翼翼地抬到總經理指定的位置放下時，意想不到的事卻發生了：那個茶几不知怎麼折斷一隻腳，茶几一傾斜，上面放著的花盆就滑落下來，在地上裂成幾大塊。

三人看著這突如其來的事情都驚呆了，他們不知道總經理回來後會如何看待他們的辦事能力，而且這花瓶值好幾十萬，弄壞了在總經理面前又如何交待？

就在他們目瞪口呆的時候，總經理回來了。看到發生的一切，總經理也顯得非常憤怒，臉也氣得有點扭曲，咆哮著對他們大吼：「你們知道你們做了什麼事，這個花盆你們賠得起嗎？」

第一個應聘者似乎不為總經理的強硬態度所壓倒，直著嗓子說：「這又不關我們的事，況且我們又不是你們公司的員工，是你自己叫我們搬茶几的。」他用不屑一顧的眼神看著總經理，一副死豬不怕開水燙的模樣。

第二個應聘者卻討好似地對總經理說：「我看這件事應該找茶几生產商，生產品質這麼差的茶几，這個花盆壞了應該叫他賠！」他也說得很理直氣壯，似乎肯定總經理會採納他的意見。

總經理把目光移到第三個應聘者的身上。但是，第三個應聘者並沒有立即為自己辯解，而是俯身撿起那些碎瓷片，把它們放在一旁，然後對總經理說：「這確實是我們搬茶几時不小心弄壞的。如果我們移動茶几時小心一點，花盆應該是沒事的。」

還沒有等他把話說完，總經理的臉卻由陰轉晴，臉上露出一絲笑容，握住他的手說：「一個能為自己過失負責的人，肯定是一個有出息的人，我們公司歡迎你這樣的員工。」

這個時候，另外兩個人才明白過來，這其實是總經理的一個責任測試，而在這小小的測試面前，他們卻都敗下陣來。

由於我們能力的欠缺，生活和工作中我們不可避免會有一些失誤。但產生失誤並不可怕，關鍵是我們面對失誤的態度。只有學會承擔責任，才可以得到他人的諒解和尊重，才可以獲得他人的信任和寬恕。因為一個人懂得承擔責任，這比千萬次竭盡所能推辭責任更具有震撼力，也只有這樣的人，才是一個能成就事業的人。

第四章：高人一籌的做事法則

萬物都有其內在的規律可循，做事也是如此。為什麼有些人功成名就，有些人卻頭破血流？與做事功夫的高低有重要的關係。

不敢為天下先

【語譯】

不敢做天下第一。

【原文釋評】

「不敢為天下先」是老子的人生三寶之一。因為這句話，老子不知挨了多少罵。不敢為天下先，不是「得縮頭時且縮頭」的「烏龜哲學」，更不是反對時代進步、故步自封的「奴隸主貴族的沒落哲學」，而是「大智若愚」的人生哲理。當代著名歷史學家張豈之教授正確地解釋這句話，我覺得這才是正解：**「不敢為天下先，指的是不要每件事情認為我的看法比別人的看法要高明，不要認為一切我都看得很準。」**

每個人都有優點，有時候你的優點比較明顯，不可以因此認為「自己天下第一」，甚至「自己都是天下第一」，那樣就危險了，第一會做錯事，第二要得罪人。

實際上，真的天下第一的人，往往會在自己最擅長的方面表現出謙虛。因為確信自己真的有實力，所以不會為了別人的某個看法或是某句話而爭得面紅耳赤。相反的，只有對自己缺乏信心的人，才會四處與人爭強好勝，獲得一點點「阿Q」式的勝利來維護自己脆弱的自尊。

經常與人爭先，就會經常吃虧，向所有人挑戰，就會被所有人反對。你喜歡踢足球，但是球技欠佳，就老實地多傳球，甘願當配角，一定要自己一個人帶球，只能證明你的愚蠢，大家也就不願意和你一起踢球。有些同學家庭經濟情況和別人有差距，就不要與人比吃穿住行用，把別人用來逛街的時間用來認真學習，提升自己的成績，自然能贏得別人的尊重。從另一方面來說，在某些方面有過人之處，自然會受到眾人的關注，但在這些關注的目光中，既有敬佩也有嫉妒，更多的則是疑惑。如果你表現出驕傲自大，自以為自己天下第一，看不起別人，就傷害別人的自尊，等於為各種謠言的傳播提供機會；相反的，如果你表現得謙虛謹慎，你的成就擺在那裡，大家都看得見，不會因為你沒有自我吹噓就沒有人知道，將成就和謙虛的品德結合起來，將會讓你產生巨大的魅力。不敢為天下先，學會尊重別人的長處，善於守拙，既不會影響你優勢的發揮，還可以贏得別人的尊重，何樂而不為？

況且現實生活中並非每個人非得爭第一，位居第二確實也有好處。你也許覺得奇怪，不要我們去奪第一，這不是叫我們失去進取之心嗎？在競爭如此激烈的現代社會，應該每個人去爭「第一」才是！不錯！是要每個人去爭！但問題是「第一」只有一個，而且爭「第一」時還要看爭的代價，爭得不好，恐怕連什麼都保不住，也不要說做第二！

【經典案例】

有一位工商界的老闆，他從事電腦業。這位老闆給自己的企業定位就另有一論——採取「第二戰略」。因為他認為，當「第一」不容易，不論是產品的開發和行銷，還是人員和設備，都要比別人強，為了害怕被別的公司超越，又要不斷地擴充和投資。換句話說，做了「第一」以後要花很多的功夫來維持

「第一」的地位。因為提到某個行業，每個人都會拿「第一」當作對手，並拼命超越。這樣未免太辛苦，而且一不小心，不僅第一當不成，甚至想當第二都不可能。

這位老闆的想法並不科學合理，並不一定當「第一」就一定會很辛苦，當第二或第三就輕鬆。這只是他個人的一種觀念而已。但是結合現實細想，其中也不乏事實，我們不妨可以借鑑。

當「第一」者確實要費很多的力氣來保住自己的地位！大至一個企業，小至一個人，都可能有這個問題。一個企業想要位居第一，其所冒的風險也應該是最大的。產品的研製開發、資金的投入、設備的引進、人員的錄用、產品的銷售與服務……都比別人要多、要大、要好。好不容易排到「第一」，又立刻成為眾人的「眼中釘」，都想超過你，甚至弄垮你！

對於上班拿薪水的人來說也是如此，主管可以說是這個部門的「第一」，為了保住這個第一，他不僅要好好帶領手下，也要和自己的上司處好關係，以免位子不保；如果有功時，主管當然功勞第一，但有過時，主管當然也是首當其衝。如果是一位副主管恐怕就好一點，表面上看來他不如主管風光，但因為上有主管遮風蔽雨，可以省下很多辛苦，減輕很多責任，所以很多人寧願當副手而不願當「一把手」。

當然，我們這裡絕非教你別當第一！如果你有當第一的本事，也有當第一的興趣和機會，就去當吧！如果你自認能力有限，個性懶散，就算有機會，也不要去當第一，因為當得好則好，當不好立刻就變成老三、老四，這樣不僅對自己是一個打擊，而且在現實社會中更會招致這樣的批評：「某某人不行」、「某人下台了，聽說很慘」……這些批評對你都是不利的。

中國人一向扶旺不扶衰，當你從第一的位子上摔下來時，落井下石的有，打落水狗的也有，於是本來還可當第二的，卻連當老三、老四都有問題。

因此，現實生活中並非每個人非得爭第一！不管做什麼，從第二、第三做起都沒關係，並不一定非得想著去做第一！如果可以安穩地做第二，如果主客觀條件形成，自然也就成為第一，這個時候的第一，才是真正的第一！

挫其銳，解其紛，和其光，同其塵

【語譯】

挫掉其鋒芒，消解其紛亂，調和其光輝，混同於塵垢。

【原文釋評】

根據《史記》記載，孔子曾經拜訪老子，向他請教禮。老子告誡孔子說：「一個聰明而富於洞察力的人身上經常隱藏著危險，那是因為他喜歡批評別人。雄辯而學識淵博的人也會遭遇相同的命運，那是因為他暴露別人的缺點。因此，一個人還是節制為好，不可以隨時佔上風，而應該採取謹慎的態度。」

老子還告誡孔子說：「**君子盛德，容貌若愚。**」這裡的盛德是指卓越的才能。整句話的意思是，那些才華橫溢的人，外表上看上去與愚蠢笨拙的普通人毫無差別。此外，根據《莊子》記載，當楊子去請教老子時，老子也諄諄告誡他不要太盛氣淩人，而是要謹言慎行。

老子還告誡世人：「**不自見，故明；不自是，故彰；不自伐，故有功；不自矜，故長。**」這句話的大意是，一個人不自我表現，反而顯得與眾不同；一個人不自以為是，會超出眾人；一個人不自誇，會贏得成功；一個人不自負，會不斷進步。相反的，老子告誡世人：「**自見者不明，自是者不彰，自伐者無功，自誇者不長。**」唐代杜審言是杜甫的祖父，他為人恃才自傲。唐中宗時他做修文館學士，曾經對人說：

「我的文章那麼好，應該讓屈原和宋玉來做我的衙役，我的字可以讓王羲之北面朝拜。」杜審言有些太自不量力，所以被後世的人們所嘲笑。這樣驕傲自誇只是顯示他的見識短淺，並沒有人認為他的才能有那麼大，驕矜的結果只是貽笑大方。

因此如果一個人鋒芒畢露，一定會遭到別人的嫉恨和非議，甚至會引來殺身之禍。歷史上和現實生活中的這種例子比比皆是。做人應該有銳氣，但是銳氣不代表鋒芒。銳氣可以展現自我的內心，但鋒芒卻給別人壓力。想要在事業上一展才華，可以用一點「心機」巧妙展露，要記得時機沒有成熟之前，千萬別鋒芒太露。

孔子說：「人不知而不慍，不亦君子乎！」可見人不知我，心裡非常不高興，這是人之常情。尤其是年輕人，總是希望在最短時期內使人家知道你是一個不平凡的人。想讓全世界都知道，當然不可能，使全國人都知道，還是不可能，使一個地方的人都知道，也仍然不可能，至少要使一個團體的人都知道吧！要使人知道自己，當然先要引起大家的注意，要引起大家的注意，只有從言語行動方面著手，於是就容易露出鋒芒。

鋒芒是刺激大家的最有效方法，但是如果你仔細看看周圍的同事，那些有經驗的人卻與你完全相反。他們都像老子說的那樣「和光同塵」，毫無稜角，言語如此，行動亦然，個個深藏不露，好像他們都是庸才，其實他們的才能遠在你之上，好像個個都無大志，其實頗有雄才大略而願久居人下者，但是他們卻不肯在言語上，在行動上露鋒芒，這是什麼道理？

因為他們有所顧忌，一露鋒芒，就要得罪旁人，被得罪的人就成為他的阻力，成為他的破壞者。四周都是阻力或破壞者，在這種情形下，自己的立足點都沒有，哪裡還可以實現揚名立身的目的？作為一個人，尤其是作為一個有才華的人要做到不露鋒芒，既有效地保護自我，又可以充分發揮自己的才華，不僅要戰勝盲目、驕傲、自大的病態心理，凡事不要太張狂、太咄咄逼人，更要養成讓人的美德。所謂「花要半開，酒要半醉」，凡是鮮花盛開嬌豔的時候，不是立即被人採摘而去，也是衰敗的開始。

人生也是這樣，當你志得意滿時，切不可趾高氣揚、目空一切、不可一世，這樣你不被別人當成目標才怪！所以，無論你有怎樣出眾的才智，但一定要謹記：不要把自己看得太了不起，不要把自己看得太重要，不要把自己看成是救國濟民的聖人君子，還是收斂起你的鋒芒，夾起你的尾巴，掩飾起你的才華吧！

【經典案例】

某先生在年輕時以兼有三種專長而自負，筆頭寫得過人，舌頭說得過人，拳頭打得過人。在學校讀書時，已經是一員狠將，不怕同學，不怕師長，以為誰都比不上他。初入社會，還是這樣的驕傲自負，結果得罪許多人，但是他覺悟很快，一經好友提醒，就連忙負荊請罪，消除不少的嫌怨。但是無心之過仍然難免，結果終究還是遭受挫折。俗語說久病成良醫，他在受足痛苦的教訓後，才知道做人鋒芒太露，就是自己為自己前途安排荊棘，自己把自己的成功道路堵死。

當然也許有人會說，不露鋒芒不是永遠不會被人知道嗎？其實只要一有表現本領的機會，你把握這個機會，做出過人的成績，大家自然就會知道。這種表現本領的機會不怕沒有，只怕把握不牢，做出的成績無法使人特別滿意。你已經有真實的本領，就要留意表現的機會，沒有真實的本領，就要趕快從事預備，《易經》上說：「**君子藏器於身，待時而動。**」無此器最難，有此器不患無此時。

鋒芒對於你，只有害處，不會有益處，額上生角，必觸傷別人，你自己不把角磨平，別人必將用力折你的角，角如果被折，其傷害之多，自不待言。

揣而銳之，不可長保

【語譯】

錘鍛得尖銳鋒利，不能長久保全。

【原文釋評】

老子認為逞強的人沒有好下場，主張「守弱」以全身。在強者面前示弱，是尋求自我保全的學問。但是古今中外有很多人不得此中精義，喜歡與強者爭風吃醋，到頭來只是自討苦吃。聰明是一筆財富，關鍵在於怎麼使用。真正聰明的、有智慧的人會使用自己的聰明和智慧，他們深藏不露，不到火候時不會輕易使用，貌似平常，讓他人不眼紅。一味地要小聰明，不管必要或不必要，不管合適不合適，經常顯露精明，不僅無益於成功，還往往招來禍根。

做事切忌只知伸，不知屈；只知進不知退；只知耍小聰明，沒有大智慧；只知自我顯示，不知韜光養晦。西方有一種說法：法蘭西人的聰明藏在內，西班牙人的聰明露於外。前者是真聰明，後者是假聰明。「小聰明，大糊塗」更是萬萬要不得的，而韓非就是犯了這個錯誤才做了冤死鬼。

【經典案例】

戰國末期的著名政治家李斯是秦王謀劃國事的重臣，他建議對現存的其他六國進行各個擊破的方針，深得秦王贊同。他分析各國形勢，認為韓國最弱，而且為秦之近鄰，應該以此為目標，「先取韓以恐他國」。秦王贊同李斯的主張，並讓他謀劃滅韓之策。

正當李斯躊躇滿志的時候，半路卻殺出個程咬金。這個人就是韓非。韓非為韓國貴族，早年曾經與李斯一起就學於荀子。但兩人選擇的道路卻截然不同：李斯擇地而處；韓非卻眷戀故國，情繫家園，學成歸國，渴望力挽狂瀾，扶社稷於即傾，振興韓國。韓非一向學習勤奮，研究法家之學深得要領，能吸取法家的法、術、勢三派之長兼容並蓄，融為一體，取長而用。並以此理論為基礎，制定一連串法家政策，如加強君主集權，削弱私門勢力，選拔「法術之士」，以法為教，厲行賞罰，獎勵耕織，謀求國家富強。他屢屢進諫韓王，但昏聵無能的韓王卻根本聽不進去，一心只在享樂上。

韓非平日不受韓王重用，當韓王得知秦國打算先亡韓的消息後，才想到韓非，於是急忙派他出使秦國，說服秦王，以圖存韓。

韓非原為韓王的使者，但以後的事實卻使情況發生急轉直下的變化。西元前二三四年，韓非到了秦國，他看見秦國國富民安，一派萬象更新、蒸蒸日上的景象，知道這是一個英明國君治下的國度，在秦國英雄可以一展宏圖，韓非不禁為之振奮。秦王讀過韓非的《內儲》、《外儲》、《五蠹》等文章，很敬重和愛惜韓非，於是就把他留在秦國，想日後重用他。

但一山難容二虎，李斯與韓非就此結下矛盾。韓非並非等閒之輩，如果得到秦王重用，李斯地位則岌岌可危。韓非當年就學時，才學在李斯之上，因為口吃，不擅言辯，更促使他致力於著說撰文，日久則文筆日益鋒利洗練，遠非李斯可比。韓非曾經解過《老子》，但老子的智慧他半點也沒學到。韓非恃才自傲，不能審時度勢臣服於李斯，這就使得李斯怕他受秦王重用奪走自己受寵的地位，也怕他破壞自己「先取韓以恐他國」的戰略計畫，於是下決心除掉韓非。

李斯為了除掉韓非，不擇手段，心狠手辣。李斯以先伐趙而緩伐韓等為藉口，在秦王面前輪番誹謗讒陷韓非，日久秦王逐漸對韓非心生疑竇。李斯見時機已到，進諫秦王：「韓非是韓國公子，終究心向韓國，不會為秦國效力，這是人之常情。日後如果放他歸國，定然貽害不淺；不如尋他個過錯，依法誅殺了事。」秦王既已對韓非產生疑心，就同意李斯不放虎歸山之議，將韓非拘捕入獄。李斯怕秦王日久會明瞭真相，重新起用韓非，就急忙派人送毒藥給韓非，催促他立刻自殺。韓非一入獄，就多方設法上書秦王，中辯其冤情。但李斯對此早有所料，預先已將牢獄各關節都堵住，使韓非哭訴無門，只得被迫飲毒酒自殺。

除掉韓非，李斯一方面除掉一個心腹大患，鞏固自己的地位，另一方面又要借韓非智慧為我所用，可謂一石二鳥。同行是冤家，競爭對手的強弱，將直接關係到自己的命運。可惜當時韓非並不知曉這其中的奧妙。李斯在秦國位高權重，又深得秦王信賴。韓非未識時務，只知進，不知退，面對強手竟不識眉眼高低，硬著頭皮與之爭鋒，顯然缺乏做事的功夫。

唐順宗在做太子時，好作壯語，慨然以天下為己任。在中國古代太子有能力、服人心，自然也是順利當上皇帝的一個條件。但是如果太子能勝過父皇，又往往有逼父退位的舉動，所以經常會遭到父皇的猜忌而被廢黜。聰明的太子因此必須不能表現出太強的才能，造成太響的名氣。

唐順宗做太子時，曾經對僚屬說：「我要竭盡全力，向父皇進言革除弊政的計畫！」他的幕僚於是告誡他：「作為太子，首先要盡孝道，多向父皇請安，問起居飲食冷暖之事，不宜多言國事，況且改革一事又屬當前的敏感問題，如果過分熱心，別人會以為你邀名邀利，收買人心。如果陛下因此而疑忌於你，你將何以自明？」太子聽了猛然醒悟。唐德宗晚年荒淫而又專制，太子始終不聲不響，直至熬到繼位，才開始進行唐後期著名的順宗改革。

隋煬帝的太子楊暕就沒有那麼好的涵養，有一次父子同獵，煬帝一無所獲而太子滿載而歸，煬帝本來就感到太子對自己不夠尊重，這一下被兒子比得抬不起頭，於是找一個罪名把楊暕的太子名號廢了。

同為太子，順宗審時度勢終登皇帝之位，而楊暕卻爭強好勝，功高蓋主，終被廢黜，可見是否懂得「守弱」，不與強者爭鋒事關一人的前途命運。

善戰者不怒

【語譯】

善於作戰的人，可以不被對方激怒。

【原文釋評】

中國哲學中，關於剛強與柔弱的關係是討論很多的。所謂以柔克剛，以弱勝強，實是深知事物轉換之理的極高智慧。

老子曾經說：「知其雄，守其雌，為天下谿。」意思是，知道什麼是剛強，卻安於柔弱的地位，如此一來，才可以常立於不敗之地。應該說，老子的這種哲學對中國人也影響匪淺。

在中國人看來，忍讓絕非怯懦，能忍人所不能忍，才是最剛強的。天下之人莫不爭強，而純剛純強往往會招致損傷。

清人傅山說過：憤怒正到沸騰時，就很難克制住，除非「天下大勇者」不能做到。如果你想發怒，你就應該想想這種爆發會發生什麼後果。既然發怒必定會損害你的身心健康和利益，你就應該約束自己和克制自己，不讓自己輕易動怒。

【經典案例】

漢初名臣張良外出求學時，曾經遇到一件事。有一天，他走到下邳橋上遇到一個老人，穿著粗布衣服，在那裡坐著，見張良過來，故意將鞋子掉到橋下，衝著張良說：「小子，下去給我把鞋撿上來！」張良聽了一愣，本想發怒，因為看他是一個老年人，就強忍著到橋下把鞋子撿上來。老人說：「給我把鞋穿上。」張良心想，既然已經撿了鞋，好事做到底吧，就跪下來給老人穿鞋。老人穿上後笑著離去。一會兒又返回來，對張良說：「你這個小伙子可以教導。」於是約張良再見面。這個老人後來給張良傳授《太公兵法》，使張良最終成為一代良臣。

老人考察張良，就是看他有沒有自我克制的修養，有這種修養，「孺子可教也」，今後才可以擔當大任，處理多種複雜的人際關係和艱鉅的事情，才可以遇事冷靜，不意氣用事。

唐代宰相婁師德的弟弟要去代州都督府上任，臨行前，婁師德對弟弟說：「我沒有多少才能，現在位居宰相，如今你又得州官，得到太多，會引起別人的嫉恨，應該如何對待？」他弟弟回答：「今後如果有人往我臉上啐唾沫，我也不說什麼，自己擦了就是。」婁師德說：「這正是我擔心的。那個人啐你，是因為憤怒，你把它擦掉，這就是抵擋那個人怒氣的發洩。唾沫不擦自己也會乾的，不如笑而接受！」

婁師德兄弟的這番談論，有開玩笑的成分，其中意思就是要退讓，不要去和對方「針尖對麥芒」。不然，就會更加激怒對方，使矛盾尖銳化，帶來更嚴重的後果。

林肯說得好：「**與其為爭路而讓狗咬，不如給狗讓路。即使將狗殺死，也不能治好傷口。**」唐代僧人寒山曾經寫詩：「有人來罵我，分明了知（心裡明白）。雖然不應對，卻是得便宜。」這句話很值得玩味。

美國石油大亨洛克菲勒有一次因牽連某案而上法庭。當對方的律師以粗暴的口氣向他連連質問時，他本來快被激怒，但是他很聰明，不會那麼魯莽。他態度平和，不動聲色地答覆律師的挑釁，結果律師反而被氣得快發狂，語無倫次，而洛克菲勒最終贏得這場官司。

日常生活中有人無法控制自己的情緒，結果造成慘劇。在法國發生這樣一則故事：

馬爾蒂是法國西南小城塔布的一名員警，這天晚上他身著便裝來到市中心的一間菸草店門前，他準備到店裡買包香菸。這個時候，店門外一個流浪漢向他討菸抽。

當馬爾蒂出來時，喝了不少酒的流浪漢纏著他要菸。馬爾蒂不給，於是兩人發生口角。隨著互相謾罵和嘲諷的升級，兩人情緒逐漸激動。馬爾蒂掏出警官證和手銬，說：「如果你不放老實點，我就給你一些顏色看。」流浪漢反唇相譏：「你這個混蛋員警，看你能把我怎麼樣？」在言語的刺激下，二人扭打成一團。旁邊的人趕緊將兩人分開，勸他們不要為一支香菸而發那麼大脾氣。

被勸開後的流浪漢向附近一條小路走去，他一邊走一邊喊：「臭警察，有本事你來抓我啊！」失去理智、憤怒不已的馬爾蒂拔出槍，衝過去，朝流浪漢連開四槍，流浪漢倒在血泊中……

法庭以「故意殺人罪」對馬爾蒂做出判決，他將服刑三十年。一個人死了，一個人坐了牢，起因是一支香菸，罪魁是失控的激動情緒。

在生活中，我們經常見到當事人因未能克制自己，而引發爭吵、打架，甚至流血衝突的情況。有時候，僅僅是因為你踩了我的腳，或一句話說得不當。在地鐵爭搶座位，在公車上被擠得不舒服，都可能成為引爆一場口舌大戰或拳腳演練的導火線。在社會治安案件中，相當多的案件都是由於當事人不能冷靜地處理事情——許多本就是小事一樁——而發生的。

人皆有七情六欲，遇到外界的不良刺激時，難免情緒激動、發火、憤怒，這是人的一種保護的本能的生理和心理反應。但是這種激動的情緒不可放縱，因為它可能使我們喪失冷靜和理智，使我們不計後果地行事。因此，我們在遇到事情時，一定要學會克制，而不要像個鞭炮，一點就著。

弱者，道之用

【語譯】

保持柔弱的地位，是「道」的運用。

【原文釋評】

老子認為：「弱者，道之用。」宇宙萬物繁盛的反面——靜、柔之處往往蘊藏著無窮的動力。事物總是向對立面轉移的，陰極陽生，陽消陰長，物極必反。故解決問題的訣竅就在於從事物的反面或反方向入手。我們應該學會「強大處下，柔弱處上」；要「知其雄，守其雌，為天下谿」，「知其榮，守其辱，為天下谷」，谿、谷為謙和柔弱之謂。

當你不願讓命運來主宰你的一切，但又沒有扼住命運咽喉的本領時，切記應該學會忍耐。

中國的儒家和道家都強調忍耐的重要，只有忍到最後一刻才會發生意想不到的變化，才會有希望看到轉機。或許你仍然在嚮往一帆風順，可是面對曲折的人生，所謂的一帆風順只是心靈的慰藉而已，唯有奮鬥不息才可以讓你成為命運的主人。在一步一步的努力中，你必須學會忍耐。

忍耐不是逆來順受，屈服於命運之神的支配與調遣，讓歲月的滄桑把自己的欲望一點點地消磨掉。功虧一簣都是因為不懂得忍耐的真正含義，而堅忍不拔地追求並排除萬難有所超越才是忍耐的外延。

忍耐實質上是一種動態的平衡。忍耐可以幫助我們排除煩冗迷惑，獲取真諦。所以要學會忍耐，人生無論是在「上漲」還是「下跌」，低迷抑或是高漲，你的人生都將美麗如畫。

人生有很多不如意和不痛快，這個時候，忍是非常重要的。很多時候因為小地方忍不住而延誤大事，這就非常不值得。

【經典案例】

三國時期的諸葛亮輔佐劉備，立志要收復中原，他經常兵出祁山，攻打司馬懿。但是，司馬懿總不肯出來和諸葛亮對打。諸葛亮用盡一切手段來羞辱司馬懿，司馬懿總是置之不理，總之，就是不肯出來和諸葛亮打仗。每次都是等到諸葛亮的糧食吃完了，蜀軍自然就退兵回去蜀國，戰爭就結束了。諸葛亮六次兵出祁山，每次都是無功而返，後來連唐朝的大詩人杜甫也為他惋惜說：「出師未捷身先死，長使英雄淚滿襟。」司馬懿可以忍，所以沒有被一代儒將諸葛亮打敗。

因此，當有事時，千萬要穩健，不要逞一時之快而壞了大計，絕對不能因小失大！

人們經常說，忍字頭上一把刀，真的是這樣。這把刀，讓你痛，也會讓你痛定思痛；這把刀，可以磨平你的銳氣，但是也可以雕琢出你的勇氣。小不忍則亂大謀，只要我們仍然身處在各種計算和爭鬥裡，有些紛擾就永遠不會結束。

面對強大敵手的迫害，一個人只知道屈忍保全還不夠，還要忍得有模樣，忍得讓對方感到高興，才可能徹底逃脫難關。否則，雖然你做出逆來順受的模樣，卻又表現出毫不在乎，就透露出對敵手的藐視，還可能招來危害！

西漢的楊惲，為人重仁義輕財物，為官廉潔奉法，大公無私。可是，正當他官運亨通春風得意之時，有人嫉妒他，在皇帝面前說他對皇帝陛下心懷不滿，表現得那麼廉正只是為了籠絡人心，以便圖謀不軌。

皇帝雖然不喜歡貪官，但是更害怕有人和他唱對台戲，就算你才能再好，品德再好，你如果敢對皇帝不滿，就會招來災禍。經人這麼一告發，皇帝勃然大怒就把他貶為平民。看來沒有讓他身首離異，就已經是大慈大悲。

楊惲本來官癮不大，又樂得清閒，雖然丟了官卻也不感到十分難過。原先做官時添置家產多有不便，現在添置一些家當，與廉政並無瓜葛，誰也抓不到什麼把柄。於是他以置辦財產為樂，在每天忙忙碌碌的勞動中得到許多平凡生活的樂趣。

他的一個好朋友，聽說這件事後，預感到他這樣下去可能會鬧出大事來，就連忙給楊惲寫一封信說：「大臣被免掉了，應該關起門來表示心懷惶恐，裝出可憐兮兮的模樣，以免別人懷疑。你這樣置辦家產，很容易引起人們的非議。讓皇帝知道了，不會輕易放過你的。」

楊惲心裡不以為然，回信給朋友說：「我認為自己確實有很大的過錯，德行也有很大的汙點，應該一輩子做農夫。農夫雖然沒有什麼快樂，但在過年過節殺牛宰羊，喝酒唱歌，來犒勞自己，總不會犯法吧！」

怪不得楊惲做不好官，他竟然連「欲加之罪，何患無辭」的常識也不懂。有人把他視為眼中釘、肉中刺，又向皇帝誣告說，楊惲被免官後，不思悔改，生活腐化，而且最近出現的那次不吉利的日食，也是由他造成的。皇帝不問青紅皂白命令迅速將楊惲緝拿歸案，以大逆不道的罪名將他腰斬，他的妻兒子女也被流放到酒泉。

本來楊惲以不滿皇帝而戴罪免官之後，應該聽從友人的勸告，裝出一副甘於忍受侮辱的逆來順受的可憐模樣，這樣皇帝和敵人才不會注意他。即使是最凶惡的老虎，看到牠的對手已經表示屈服，也會停止攻擊。楊惲卻沒有接受教訓，他還要置家產、搞活動、交朋友，這不是明擺著唱對台戲?好吧，治你一個大逆不道之罪，殺了，你還可以不滿嗎?因為楊惲不能忍住自己的不滿情緒，不會提防皇帝和敵人抓住自己不滿的把柄，終於釀成自己被殺和家人遭流放的悲劇。

勇於敢則殺，勇於不敢則活

【語譯】

勇氣用於逞強爭勝就不得好死，勇氣不用於逞強爭勝才會活得好。

【原文釋評】

老子反對逞強爭勝，他說「強梁者不得死」、「勇於敢則殺」、「堅強者死之徒也」都是同一個意思，目的在於勸誡世人學一點「柔道」，不逞匹夫之勇，尤其是在事情明顯對自己不利的情況下更應該如此。武則天時的名臣狄仁傑，就是這樣做的。

【經典案例】

唐代武則天專權時，為了給自己當皇帝掃清道路，先後重用武三思、武承嗣、來俊臣、周興等一批酷吏。她以嚴刑厲法、獎勵告密等手段，實行高壓統治，對抱有反抗意圖的李唐宗室、貴族和官僚進行嚴厲的鎮壓，先後殺害李唐宗室貴族數百人，接著又殺了大臣數百家；至於所殺的中下層官吏，就多得無法統計。武則天曾經下令在都城洛陽四門設置「匭」（即意見箱）接受告密文書。對於告密者，任何官員都不得詢問，告密核實後，對告密者封官賜祿；告密失實，並不反坐。這樣一來，告密之風大興，不幸被株連者上千萬，朝野上下，人人自危。

有一次，酷吏來俊臣誣陷平章事、狄仁傑等人有謀反行為。來俊臣出其不意地先將狄仁傑逮捕入獄，然後上書武則天，建議武則天降旨誘供，說什麼如果罪犯承認謀反，可以減刑免死。狄仁傑突然遭到監禁，既來不及與家人聯絡，也沒有機會面見武則天，說明事實，心中不由焦急萬分。審訊的日子到了，來俊臣在大堂上讀武后的詔書，就見狄仁傑已伏地告饒。他趴在地上一個勁地磕頭，嘴裡還不停地說：「罪臣該死，罪臣該死！大周革命使得萬物更新，我仍然堅持做唐室的舊臣，理應受誅。」狄仁傑不打自招的這一手，反而使來俊臣弄不懂他到底唱的是哪一齣戲。既然狄仁傑已經招供，來俊臣將計就計，判他個「謀反是實」，免去死罪，聽候發落。

來俊臣退堂後，坐在一旁的判官王德壽悄悄地對狄仁傑說：「你也要再誣告幾個人，如把平章事、楊執柔等幾個人牽扯進來，就可以減輕自己的罪行。」狄仁傑聽後，感慨地說：「皇天在上，后土在下，我既沒有做這樣的事，更與別人無關，怎麼可能再加害他人？」說完一頭向大堂中央的頂柱撞去，頓時血流滿面。王德壽見狀，嚇得急忙上前將狄仁傑扶起，送到旁邊的廂房裡休息，又趕緊處理柱子上和地上的血漬。狄仁傑見王德壽出去了，急忙從袖中抽出手絹，蘸著身上的血，將自己的冤屈都寫在上面，寫好後，又將棉衣撕開，把狀子藏進去。一會兒，王德壽進來了，見狄仁傑一切正常，這才放下心來。

狄仁傑對王德壽說：「天氣這麼熱，煩請你將我的這件棉衣帶出去，交給我家人，讓他們將棉絮拆了洗洗，再給我送來。」王德壽答應他的要求。狄仁傑的兒子接到棉衣，聽到父親要他將棉絮拆了，就想：其中一定有文章。他送走王德壽後，急忙將棉衣拆開，看了血書，才知道父親遭人誣陷。他幾經波折，託人將狀子遞到武則天那裡，武則天看後，弄不清到底是怎麼回事，就派人把來俊臣叫來詢問。來俊臣做賊心虛，一聽說太后要召見他，知道事情不好，急忙找人偽造一張狄仁傑的「謝死表」奏上，並編造一大堆謊話，將武則天應付過去。

又過了一段時間，曾經被來俊臣妄殺的平章事、樂思晦的兒子也出來替父伸冤，並得到武則天的召見。他在回答武則天的詢問時說：「現在我父親已經死了，人死不能復生，但可惜的是太后的法律卻被來俊臣等人給糟踐了。如果太后不相信我說的話，可以吩咐一個忠厚清廉、你平時信賴的朝臣，假造一篇某人謀反的狀子，交給來俊臣處理。我敢擔保，在他殘酷的刑訊下，那個人沒有不承認的。」武則天聽了這些話，稍稍有些醒悟，不由想起狄仁傑一案，忙把狄仁傑召來，不解地問：「你既然有冤，為何又承認謀反？」狄仁傑回答：「我如果不承認，可能早就死於嚴刑酷法。」武則天又問：「你為什麼又寫『謝死表』上奏？」狄仁傑斷然否認說：「根本沒有這件事，請太后明察。」武則天拿出「謝死表」核對狄仁傑的筆跡，發覺完全不同，才知道是來俊臣從中做手腳，於是下令將狄仁傑釋放。

狄仁傑的做法告訴我們，不逞匹夫之勇耐住性子與對手周旋，是鬥爭中的良策。相反的，以硬碰硬，會讓自己吃大虧，是不明智的。

中國歷史上劉邦與項羽在稱雄爭霸和建立功業上，就表現出不同的態度，最終也得到不同的結果。蘇東坡在評判楚漢之爭時就說，項羽之所以會敗，就因為他不能忍，不願意吃虧，白白浪費自己百戰百勝的勇猛；漢高祖劉邦之所以能勝就在於他能忍，懂得吃虧，養精蓄銳，等待時機，直攻項羽弊端，最後奪取勝利。

楚漢戰爭中，劉邦的實力遠不如項羽，當項羽聽說劉邦已先入關，怒火衝天，決心要將劉邦的兵力消滅。當時，項羽四十萬兵馬駐紮在鴻門，劉邦十萬兵馬駐紮在灞上，雙方只隔四十里，兵力懸殊，劉邦危在旦夕。在這種情況下，劉邦先是請張良陪同去見項羽的叔叔項伯，再三表白自己沒有反對項羽的意思，並與之結成兒女親家，請項伯在項羽面前說句好話。然後，第二天一清早，又帶著隨從，拿著禮物到鴻門去拜見項羽，低聲下氣地賠禮道歉，化解項羽的怨氣，緩和他們之間的關係。表面上看，劉邦忍氣吞聲，項羽掙足面子，實際上劉邦以小忍換來自己和軍隊的安全，贏得發展和壯大力量的時間。劉邦不像項羽一樣逞匹夫之勇，甘忍一時屈辱，反映他對敵鬥爭的謀略，也展現他巨大的心理承受能力。

天下之至柔，馳騁天下之至堅

【語譯】

天下最柔弱的東西，可以在天下極堅硬的東西裡穿行無阻。

【原文釋評】

老子說：「天下莫柔弱如水，而攻堅強者莫之能勝，以其無以易之。」水的智慧是一種很高超的智慧。水沒有一定的形態，但善於變化，最後能取得勝利。柔可以勝剛，弱可以勝強。這個道理用《老子》第四十三章「天下之至柔，馳騁天下之至堅」和第七十八章「天下莫柔弱於水，而功堅強者莫之能勝」來解釋最清楚不過。水是世界最柔弱的東西，卻可以摧毀世界上最堅強的東西。你看，洪水氾濫時，什麼東西可以抵擋住它？你看，屋簷下的點滴雨水，日復一日，就可以把一塊堅石滴穿。這不就是柔弱的作用嗎？在柔弱與剛強的對立中，修道之人寧願居於柔弱的一端，正是因為「看來『柔弱』的東西，由於它的含藏內斂，往往較富韌性；看來『剛強』的東西，由於它的彰顯外溢，往往暴露而不能持久」。所以，人應該追求的是內在的堅韌，而不是表面的剛強。

有一個人，面對兩個持刀歹徒，依然無所畏懼，拼命去奪被歹徒搶過去的皮包，他越是拼命去奪，歹徒越是以為皮包裡有巨額錢財，所以他才會如此捨命不捨財，於是歹徒更加瘋狂，不停地揮刀朝他砍去，最後他身中二十多刀，倒在血泊中。可是等歹徒打開皮包一看，裡面只有不到二百元，就連作惡多端的歹徒也愣住了。

這個人是一個勇士，為了反抗邪惡，即使粉身碎骨也在所不惜，但是用鮮活的生命去捍衛二百元這種方式是不是值得，有待商榷。生命是無價的，明知反抗是拿雞蛋去碰石頭，留下生命去創造更多的財富，是不是也是一種智慧的選擇！有時候，不是所有的勇猛都值得推崇，只有勇猛中加進智慧，才是值得學習的。

【經典案例】

一個女孩聽見有人敲門，一開門時，發現一個持刀男子凶狠地站在門前。不妙，遇到劫匪了！這個念頭驟然躍入女孩的腦海，但她迅速地鎮靜下來。她微笑著說：「朋友，你真會開玩笑。你是來推銷菜刀的吧？我喜歡，我要一把。」

接著就讓男子進屋，還熱情地對男子說：「你很像我以前一個熱心的鄰居，見到你我真高興，你喝飲料，還是茶？」

原來滿臉凶氣的男子竟然有些拘謹起來，急忙結巴著說：「謝謝，謝謝。」於是女孩買下那把菜刀，男子拿了錢遲疑一會兒就走了。在轉身離去的一剎那，男子對女孩說：「你將改變我的一生……」女孩的這種勇敢才是一種智勇雙全的全新意義上的勇敢。

有些自作聰明者，往往盲目自信，以為以剛克剛，無往而不勝。大家知道，做事不能簡單粗暴，而應該學會從大處著眼，以柔克剛。這就像：一塊巨石如果落在一堆棉花上，就會被棉花輕鬆地包在裡面。以剛克剛，則兩敗俱傷，以柔克剛，則馬到成功。

有一句俗語叫「四兩撥千斤」，講的正是以柔克剛的道理。俗話說：「百人百心，百人百性。」有些人性格內向，有些人性格外向，有些人性格柔和，有些人則性格剛烈，各有特點，又各有利弊。然而縱觀歷史，我們不難發現，往往剛烈之人容易被柔和之人征服利用。

凡是剛烈之人，其情緒頗好激動，情緒激動則很容易使人缺乏理智，僅憑一股衝動去做或不做某些事情，這就是剛烈人的特點。

對待剛烈之人，如果以硬碰硬，勢必會使雙方共同失去理智，頭腦發熱，不計後果，最終各有損傷，事情也必然鬧砸。

如果以柔和之姿去面對剛烈火爆之人，就會是另一番局面，恰似細雨之於烈火，烈火熊熊，細雨濛濛，雖說不能當即將火撲滅，卻有效地控制住火勢，並一點點地將火滅去。但是如果暴雨一陣，火滅去，又添洪水氾濫之災，一浪剛平又起一浪，得不償失。

春秋末期，鄭國宰相子產在治理國家方面採用的就是以柔克剛的方法。

子產為政剛柔並濟，以柔為上，柔以制剛。鄭國是一個小國，國力甚弱，想要在大國林立的空間求得生存，增強國家的實力刻不容緩。子產提倡振興農業，興修農事，同時徵收新稅，以確保有足夠的軍費供應和給養。

新稅徵收伊始，民眾怨聲四起，沸沸揚揚，甚至有人揚言要殺死子產，朝中也有不少大臣站出來表示反對。子產毫不理會，也不作過多的解釋，而是耐心等待事態的發展。只說：「國家利益為重，必要時自然要犧牲個人利益，服從國家利益。我聽說做事應該有始有終，不能虎頭蛇尾。有善始而無善終，那樣必然一事無成，所以我必須將這件事做完。」

新稅照常徵收。由於他採取振興農業的辦法，農業很快發展，民眾由怨到讚，眾人賓服。

子產在各地遍設鄉校，因鄉校言論自由，有些對政治不滿的人往往把鄉校作為論壇進行政治活動。有人擔心長期下去會影響統治，建議取締。子產卻說：「這是沒有必要的，百姓勞累一天，到鄉校中發牢騷，評談政治，實屬正常。我們可以作為參照，擇善而從，鑑證得失。如果強行壓制，豈不如以土塞水，暫時或許會堵住水流，但必將招來更猛的洪水激流，沖決堤壩，那個時候恐怕就無力回天。如果慢慢疏導，引水入渠，分流而治，豈不更好？」

唐代段秀實也懂得以柔克剛的做事之道。西元七六四年，唐朝剛平定安史之亂，僕固懷恩卻在北方糾眾反叛，屢屢攻城奪野。唐代宗只得令聲望卓著的郭子儀為副元帥，率軍平叛。郭子儀令其兒子郭晞以檢校尚書的身分兼行營節度使，屯兵在分州（今陝西彬縣，又作豳州）。分州地方的一些不法青年，紛紛在郭晞的名下掛名，然後以軍人的名義大白天就在集市上橫行不法，要是有人不滿足其要求，即遭毒打，甚至致死孕婦老小。分寧節度使白孝德因懼怕郭子儀的威名，對此提都不敢提。白孝德的下屬涇州刺史段秀實則感到事關唐朝安危和郭子儀的名節，毛遂自薦請求處理此事。白孝德立即下文，令他代理軍隊中的都虞侯。

段秀實到任不久，郭晞軍隊中有十七名士兵到集市上搶酒，刺殺釀酒的工人，打壞酒場許多釀酒器皿。段秀實命令士卒把他們全部抓來，砍下他們的腦袋掛在長矛上，立於集市示眾。

郭晞軍營所有軍人為之騷動，全部披上盔甲。段秀實卻解下身上的佩刀，選了一個年老而且行動不便的人給他牽著馬，徑直來到郭晞軍營門口。披甲帶盔的人都出來了，段秀實笑著一邊走一邊說：「殺一個老兵，何必還要披甲帶武裝，如臨大敵？我頂著頭顱前來，要親自由郭尚書來取！」披甲士兵見一老一文一匹瘦馬，驚愕不已。本以為要進行一場硬拼。眼見得如此文弱的對手，反而紛紛讓路。

段秀實見到郭晞，對他說：「郭子儀副元帥的功勞充盈於天地之間，你作為他的兒子卻放縱士兵大肆暴逆。如果因此而使唐朝邊境發生動亂，這要歸罪於誰？動亂的罪過要牽連到郭副元帥。如今，鄰州的不法青年紛紛在你的軍隊中掛名，藉機胡作非為，殘殺無辜。別人都說你郭尚書憑著副元帥的勢力不管束自己的士兵，長此以往，郭家的功名還可以保存多久？」

郭晞本來對段秀實自作主張捕殺他的士兵心存不快，對於士兵的激憤情緒聽之任之，倒要看看段秀實有多大能耐。現在見段秀實完全不作防備地闖進軍營，聽段秀實一說，覺得段秀實完全是為促使郭家功名才這樣做的，一改原來的強硬態度，反而覺得對弱小的段秀實必須加以保護，以免被手下人因憤而殺，趕緊對段秀實拜了又拜，說：「多虧你的教導。」喝令手下人解除武裝，不許傷害段秀實。

段秀實力讓郭晞下定決心管束軍隊、乾脆一「軟」到底，說：「我還沒有吃晚飯，肚子餓了，請為我備飯吧！」吃完飯後又說：「我的舊病發作了，需要在你這裡住一宿。」段秀實竟然在只有一老頭守護的情況下，睡在充滿敵意的軍營之中。

郭晞表面上答應段秀實的要求，但又怕憤怒的軍人殺了這個不做抵抗而且又有恩於己的朝廷命官，心裡十分緊張，於是一面申明嚴格軍紀，一面告訴巡邏值夜的侯卒嚴加防範，借打更之便切實保衛段秀實的安全。

第二天，郭晞還與段秀實一起到白孝德處謝罪，鄰州大軍由此整治一新。

「天下之至柔，馳騁天下之至堅。」段秀實在捕殺十七名違法士兵之後，用溫和得體的言行，駕馭剛烈憤怒的郭晞及其手下軍士，成功地達到「以柔克剛」的目的。

商業活動中，常有意想不到的事發生。由於商業活動帶有很強的人情色彩，如果處理不好，不僅會傷及對方的自尊，嚴重的甚至會直接影響到商業的聲譽和成敗。運用以柔克剛的策略就可以避免這個問題。

一天下午，一位外國人突然氣勢洶洶地闖進日本某飯店的經理室：「你就是經理嗎？剛才我在大門口滑倒摔傷腰。地板這麼滑，連個防滑措施都沒有，太危險了，立刻帶我到醫務室。」

見此情景，經理很客氣地說：「這實在抱歉得很，腰部不要緊吧？立刻就帶你到醫務室，請你稍坐一會兒。」

外國人坐在椅子上，繼續抱怨不停。飯店經理看見對方已經鎮定下來，就溫和地說：「請你換上這雙鞋，我已經和醫務室聯絡，現在我就帶你去。」

早在外國人闖進來時，經理已經看清他的腰部沒有多大問題。所以當外國人離開經理室後，就把換下的鞋悄悄交給秘書說：「這雙鞋後跟已經磨薄了，在我們從醫務室回來以前把它送到樓下修鞋處換上橡膠後跟。」檢查結果，果如所料，未發現任何異常，他本人也完全冷靜下來，隨後一同回到經理室。經理說：「沒有什麼異常，比什麼都好，這就放心了。請喝杯咖啡吧！」

外國人也感到自己剛才太冒失：「地板太滑，太危險，我只是想讓你們注意，別無他意。」

經理說：「很冒昧，我們擅自修理你的鞋，根據鞋匠說，是後跟磨薄以致打滑。」外國人接過剛修好的鞋，看到正合適的橡膠鞋跟時，對鞋匠高超的技巧大為驚訝，就高興地說：「經理，實在謝謝你的厚意，對你給予的關懷照顧我是不會忘記的。」於是，愉快地握手後，外國人再次向經理道謝。經理送他出門時說：「請你將這個滑倒的事忘掉吧，歡迎你再來。」從此，只要這個外國人到日本，必定住進這個飯店並到經理室致意。

這麼多詳實的例證可以說明，老子的以柔克剛之道在現實生活中大有用武之地！

企者不立，跨者不行

【語譯】

踮起腳尖不能站穩，兩步併作一步不能行走。

【原文釋評】

老子認為，做事要踏實，一步一腳印，這樣才可以有所成就。因此他反對浮躁，認為浮躁之人難以成事。

對於成功抱有一種急切的心情，會導致一種浮躁心態，這樣反而會阻礙你的成功，因為無論任何事的完成都需要一個過程。

你也許會看到，有人即使很有耐心地努力一輩子也沒有成功過。但是，你反而可以百分之百確定一點：如果沒有耐心不努力，你絕對不會有收穫。任何事情都有其規律，人生宏大的目標應該以累積諸多小目標為基礎。成功不是一天造成的，一切都有賴於下功夫才可以，當獲得一些小成功時，大成功也就在門外。

凡是成大事者，都力戒「浮躁」兩字，希望經由自己踏實的行動換來成功的人生。任何一位試圖成大事的人都要消除浮躁，專心做事，才可以實現自己的目標。

事情往往就是這樣，你越著急，你就越不會成功。因為著急會使你失去清醒的頭腦，結果在你奮鬥過程中，浮躁佔據你的思維，使你不能正確地制定方針和策略，以穩步前進。

當目標確定，你就不能性急，而要一步一腳印地來做，即所謂「性急吃不得熱粥」。當你可以控制浮躁，才會吃得起成功路上的苦；才會有耐心與毅力一步一腳印地向前邁進；才不會因為各種的誘惑而迷失方向；才會制定一個接一個的小目標，然後一個接一個地達到它，最後走向大目標。

眾所皆知的李嘉誠就是穩健不浮躁的典範。

【經典案例】

李嘉誠在父親去世後就輟學打工。他先是想到銀行尋找機會，因為他覺得銀行一定有錢，因為銀行是與錢打交道，它也不可能倒閉。但是進銀行的夢想沒有成功，他當了一名茶館裡的堂倌。在當堂倌的時候，他就胸懷大志，從小事做起，一步一步地向目標邁進。他給自己安排課程，以自覺養成察言觀色、見機行事的習慣。這些課程包括：經常揣測茶客的籍貫、年齡、職業、財富、性格，然後找機會驗證；揣摩顧客的消費心理，既真誠待人又投其所好。

後來，他進入舅父的鐘錶公司當學徒，偷學師藝，很快學到鐘錶的裝配及修理的有關技術。他十七歲辭別舅父，開始自己的創業道路。結果他屢遭失敗，幾次陷入困境。但是這個時候，他仍然不浮躁，而是踏實地一步一步往前走。

一九五〇年夏天，二十二歲的李嘉誠創立長江塑膠廠。由於他一貫的穩健工作作風，一條輝煌的道路由此展開。

正當李嘉誠全力拓展歐美市場的時候，一個重大的機會出現了。一位歐洲的大批發商在看到李嘉誠公司的產品樣品後，前去與李嘉誠聯繫。這位批發商是因為李嘉誠公司的產品價格低於歐洲產品的價格而來找他的。但他透過一些管道得知長江公司是一個小公司。為保險起見，他表示願意和李嘉誠合作，但條件是他必須有實力雄厚的公司或個人進行擔保。

李嘉誠知道這位批發商的銷售網遍及歐洲，而要佔領主要的市場——西歐和北歐，如果可以與他取得聯繫，是十分有利的。可惜，他竭盡全力都沒有找到擔保人。他與設計師一起連夜趕出九款樣品。批發商只準備訂一種，李嘉誠則每種設計三款。第二天他來到批發商的商店，批發商望著他因為通宵未眠而紅的眼睛，欣賞地笑了，答應談生意，在李嘉誠沒有擔保的情況下，簽下第一份購買合約。按照協議，批發商提前交付貨款，進而解決長江公司擴大再生產的資金不足問題。長江公司很快佔領大量的歐美市場，僅一九五八年一年，長江公司的營業額就達一千多萬港元，純利一百多萬港元。塑膠花使長江實業迅速崛起，李嘉誠也成為世界「塑膠花大王」。

對於渴望成功的人，應該記住：你著急可以，切不可以浮躁。成功之路，艱辛漫長而又曲折，只有穩步前進才可以堅持到終點，贏得成功；如果一開始就浮躁，你最多只能走到一半的路程，然後就會累倒在地。

現實生活中充滿各種機會，個人發展有相當的自由，這一切刺激起人們的成就欲望和積極性，很多人都希望自己有一番大的作為。但是，機會與自由並不意味著成功，每個機會事實上都是一種挑戰。同時，選擇一種機會必須以放棄其他機會為代價。雖然社會為了個體發展提供多種多樣的可能性，但落到每個人的身上，其發展的可能性是很有限的，這就需要我們正確的理解、選擇和把握機會。但是，不少人並不理解機會的全部真實含義，他們什麼都想要，卻對什麼都不作踏實的準備，表現出強烈的投機心理。

可惜的是，一些投機者在受挫之後，並不吸取教訓，不反省自己的失誤，不去彌補自己見識、能力、毅力上之不足，而是心煩意亂，繼續在精彩與無奈的循環中掙扎；或是憤憤不平，責怪社會的不公平與命運的不濟。有些人甚至以一種「輸紅了眼」的面目出現，自暴自棄。

當然，當代的「煩人」並不都是投機者。一些人的「煩」是一種現代文明病，是抒情的思想、浪漫的夢幻和溫和的心境被無情的、變化的現實打碎之後，而產生的一種憤世嫉俗、走投無路的情緒狀態。這種人無法控制自我，心緒不寧，難以成事。

無論做什麼事，心煩意亂之下是難有作為的。為了不煩，我們還要耐煩一些，靜下心來，正確地認識自己，冷靜地把握機會，以長遠的眼光選擇適合自己的目標和道路。只有如此，我們才可以踏實地做好每一件事，成就自己的事業。

天下大事，必作於細

【語譯】

天下的大事，必然從細微處做起。

【原文釋評】

老子認為，做事不能仰頭向天，而是應該腳踏實地。他說的「天下之大作於細」、「合抱之木，生於毫末」都是講這個道理。

那些真正偉大的人物從來都不蔑視日常生活中的各種小事情，即使常人認為很卑賤的事情，他們也都滿腔熱情地去做。

只要能一心一意地做事，世間就沒有做不好的事。這裡所講的事，有大事，也有小事，所謂大事小事，只是相對而言。很多時候，小事不一定就真的小，大事不一定就真的大，關鍵在做事者的認知能力。那些一心想做大事的人，經常對小事嗤之以鼻，不屑一顧。其實連小事都做不好的人，大事是很難成功的。

有一位智者曾經說過一段話，他說：「不會做小事的人，很難相信他會做成什麼大事。做大事的成就感和自信心是由小事的成就感累積起來的。可惜的是，我們平時往往忽視它，讓那些小事擦肩而過。」有做小事的精神，就可以產生做大事的氣魄。不要小看做小事，不要討厭做小事。只要有益於事業，都要努力做好，用小事堆砌起來的事業大廈才是堅固的，用小事堆砌起來的工作長城才是牢靠的。

【經典案例】

東漢時期，有一個叫陳蕃的人，年輕時獨居一室，日夜攻讀，打算做一番驚天動地的大事。一日，他父親的朋友薛勤來訪，見庭院荒蕪，雜草叢生，紙屑滿地。就問他：「孺子何不灑掃以待賓客？」他回答：「大丈夫處事，當掃除天下，安事一屋乎？」薛勤說：「一屋不掃，何以掃天下？」我們身邊是不是也有陳蕃那樣的人？他們總以為大丈夫處事當不拘小節，志在掃除天下，殊不知，大事皆由小事而成，小事不願做、不屑做、拒絕做，大事就只能成為空想。

要志存高遠，又要腳踏實地，從點滴小事做起。如果沒有宏圖大志，沒有高遠的目標，只是每天忙碌於瑣事，那樣的人生就會碌碌無為，久而久之就會成為一個庸人；如果只有遠大的志向，而不願意做艱苦的工作，就會志大才疏，空泛而不切實際。

心理學告訴我們，意志品格的培養，是一個由弱到強、由低入高的過程。軍事上，積小勝可以為大勝；意志培養上，積小成也可以為大成。惲代英說得很深刻：「立志須用集義功夫。餘意集義者，即在小事中常用奮鬥功夫也。」所謂集義，就是累積的意思。「冰凍三尺非一日之寒。」堅強的意志是在千百件小事的鍛鍊中逐步培育起來的。

小事，一般人都不願意做，但是成功者與碌碌無為者最大的區別，就是他願意做別人不願意做的事情。一般人都不願意付出這樣的努力，可是成功者願意，因此他獲得成功。

別人不願意端茶倒水，你更要端出水準；別人不願意洗馬桶，你更要洗得明亮；別人不願意操練，你更要加強自我操練；別人不願意做準備，你更要多做準備；別人不願意付出，你更要多付出。每一件別人不願意做的小事，你都願意多做一點，你的成功率一定會不斷提高。同事不願做的事情，你願意去做；別人不想做的事，你願意去做。只要你能做別人不願意做的事情，只要你能做別人不想做的事情，你就可以成功。

強行者有志

【語譯】

堅持努力的才是有志。

【原文釋評】

老子認為，人需要堅持精神，堅持精神是一種即使面臨失敗和挫折仍然繼續努力的能力，也是一種挑戰自己的精神。我們經常可以觀察到，正確對待逆境的人能從失敗中恢復並繼續堅持前進，而當遇到逆境時不能正確對待的人則經常會輕易放棄。

【經典案例】

德國天文學家克卜勒，是一個只在母腹中待了七個月的早產兒。他一降生，就連遭不幸：天花使他變成麻子，猩紅熱又弄壞他的眼睛。父母對這個多災多難的小生命，沒有愛和溫暖，不願負責任。陪伴著他度過一生的，除了宇宙和星辰，剩下的就是貧困和疾病。

早在孩提時代，克卜勒的求知欲和上進心就極為旺盛，他的學習成績一直在同學們中遙遙領先。正當瘦弱多病的克卜勒盡情地遨遊在知識海洋的時候，不幸的事情又降臨到他的身上：父親因為負債，不能再繼續供他讀書。失學之後，克卜勒只好到自家經營的小客棧裡提酒桶和打雜，但是他始終沒有放棄學習。

成家之後，克卜勒更加發憤地從事他在天文學方面的研究。他把自己寫的書寄給遠在布拉格的天文學家第谷·布拉赫。布拉赫對他很重視，回信表示歡迎他去布拉格。

去布拉格的路程是遙遠的，妻子擔心克卜勒的身體無法承受，勸他放棄此行，他堅毅果斷地說：「無論怎樣我們一定要去！」

途中，克卜勒病倒了。在一家鄉村小客棧裡，他們住了幾個星期，帶的一點點路費早就花完了，病人要買藥，妻兒要吃飯，而周圍又沒有一個親人，他感到徹底的絕望。絕望中，克卜勒只好向第谷·布拉赫求救。多虧這位同行慷慨相助，雪中送炭，才使他一家活著熬到布拉格。

在布拉格，克卜勒竭力研究火星，想得到它的秘密。這個時期，是他一生中最快樂的日子。可惜好景不長，他的良師益友布拉赫不久溘然長逝。這不僅在事業上使克卜勒受到嚴重損失，而且他一家的生活也因此又重新陷入困境。

有人說：「克卜勒的一生，大半是孤獨地奮鬥……布拉赫的後面有國王，伽利略的後面有公爵，牛頓的後面有政府，但是克卜勒的後面只有疾病和貧困。」

然而，沒有任何阻礙可以擋住克卜勒。他倒了，又站起來。他失敗了，失敗了，失敗了，但是他把這些失敗收拾起來，建成一個高塔，終於發現天體運動的三大定律。

生活中有許多人做事最初都可以保持旺盛的鬥志，在這個階段普通人與傑出的人是沒有多少差別的。

然而往往到最後那一刻，頑強者與懈怠者就各自顯示出來，前者咬牙堅持到勝利，後者則喪失信心放棄努力，於是就得到不同的結局。

要說成功有什麼秘訣，那就是：堅持，堅持，再堅持！

有一位業務員，為一家公司推銷日常用品。有一天，他走進一家小商店裡，看到店主正忙著掃地，他就熱情地伸出手，向店主介紹和展示公司的產品，但是對方卻毫無反應，很冷漠地對著他。這位業務員一點也不氣餒，他又主動打開所有樣本向店主推銷。他認為，憑自己的努力和推銷技巧一定會說服店主購買他的產品。然而出乎意料的是，那個店主卻暴跳如雷，用掃帚把他趕出店門，並揚言：「如果再看到你來，就打斷你的腿。」

面對這種情形，業務員並沒有憤怒和感情用事，他決心查出這個人如此恨他的原因。於是，他多方打聽才明白事情的真相，原來，在他以前另一位業務員推銷的產品賣不出去，造成產品積壓，佔用許多資金，店主正在煩惱如何處置！

瞭解這些情況後，這個業務員就打通各種管道，重新做了安排，使一位大客戶以成本價格買下店主的存貨。不用說，他受到店主的熱烈歡迎。

這個業務員面對被掃地出門的處境，依然充分發揮自己的堅持精神，同時不斷尋找突破逆境的途徑，這是非常可貴的。

愛哈德曾經是一家廣告公司的職員，他剛到報社當廣告業務員時，對自己充滿信心。他甚至向經理提出不要薪水，只依照廣告費抽取傭金，經理答應他的請求。

開始工作後，他列出一份名單，準備去拜訪一些特別而重要的客戶，公司其他業務員都認為想要爭取這些客戶簡直是天方夜譚。在拜訪這些客戶前，愛哈德把自己關在屋裡，站在鏡子前，把名單上的客戶念十遍，然後對自己說：「在本月之前，你們將向我購買廣告版面。」

之後，他懷著堅定的信心去拜訪客戶。第一天，他以自己的努力和智慧，與二十個「不可能的」客戶中的三個談成交易；在第一個月的其餘幾天，他又成交兩筆交易；到第一個月的月底，二十個客戶只有一個還不買他的廣告。

即使取得令人意想不到的成績，但是愛哈德依然鍥而不捨，堅持要把最後一個客戶也爭取過來。第二個月，愛哈德沒有去發掘新客戶。每天早晨，那個拒絕買他廣告的客戶的商店一開門，他就進去勸說這個商人做廣告。每天早晨，這位商人都回答：「不！」每一次愛哈德都假裝沒聽到，然後繼續前去拜訪。到那個月的最後一天，對愛哈德已經連續說三十天「不」的商人口氣緩和一些：「你已經浪費一個月的時間來請求我買你的廣告，我現在想知道的是，你為何要堅持這樣做。」

愛哈德說：「我並沒浪費時間，我在上學，而你就是我的老師，我一直訓練自己在逆境中的堅持精神。」那位商人點點頭，接著愛哈德的話說：「我也要向你承認，我也等於在上學，而你就是我的老師。你已經教會我堅持到底這一課，對我來說，這比金錢更有價值，為了向你表示我的感激，我要買你的一個廣告版面，當作我付給你的學費。」

愛哈德完全憑著自己在挫折中的堅持精神達到目標。在生活和事業中，我們往往因為缺少這種精神而和成功失之交臂。有些人跌倒時，往往無法爬起來，他們甚至會跪在地上，以免再次遭受打擊；有些人反應則完全不同，他們被打倒時，會立即反彈起來，並充分吸取失敗的經驗，繼續往前衝刺。

偉大的發明家湯瑪斯·愛迪生，對於人生中的挫折抱著罕見的不放棄精神，使他創造非凡的成就。在電燈發明的過程中，其他人因為失敗而感到心灰意冷時，他卻將每一次失敗視為又一個不可行方法的減少，而確信自己向成功又邁進一步。

生命里程中永遠存在著障礙，不會因為你的忽視而消失，當你因為某件事而受到挫折時，不妨想想愛迪生在給整個世界帶來光明前，一萬次的失敗。愛迪生的堅忍不拔在於他知道有價值的事物是不會輕易取得的，如果真的那麼簡單，每個人都可以做到。正是因為他可以堅持到一般人認為應該放棄的時候，才會發明出許多當時的科學家想都不敢想的東西。

英國首相邱吉爾不僅是一名傑出的政治家，而且是一個著名的演講家，十分推崇面對逆境堅持不懈的精神。他生命中的最後一次演講是在一所大學的結業典禮上，演講的全過程大概持續二十分鐘，但是在那二十分鐘內，他只講了兩句話，而且都是相同的：堅持到底，永遠不放棄！堅持到底，永遠不放棄！

這場演講是成功學演講史上的經典之作。邱吉爾用他一生的成功經驗告訴人們：**成功根本沒有什麼秘訣可言，如果真的有秘訣，就是兩個：第一個就是堅持到底，永遠不放棄；第二個就是當你想放棄的時候，回過頭來看看第一個秘訣：堅持到底，永遠不放棄。**

只是要大家保持堅定的信念，頑強奮鬥，而不用在乎世俗的觀點和嘲笑。只要有信心和毅力，就沒有無法戰勝的困難，當你回過頭來再看走過的路時，你會驚異自己的敢作敢為為自己帶來多麼大的成就。正如泰戈爾所講：「順境也好，逆境也好，人生就是一場面對各種困難無盡無休的鬥爭，一場我寡敵多的戰鬥。只有笑到最後的，才是真正的勝利者。」

禍兮福之所倚

【語譯】

災禍中潛存著幸福。

【原文釋評】

老子認為事物都是向它的對立面轉化的，所以他說「禍兮福之所倚」，意思是災禍中有幸運，困境中孕育著順境。我們所要做的就是透過自己的智慧和努力把困境轉化為順境。

命運不會拋棄任何人，而是人們在拋棄命運；困境不會限制於人，而是人們自限於困境；時運不會拘束於人，而是人們自拘於時運。有優越條件可利用的人，無需去操勞就可以得到一個好的位置，一般說來，這樣的人有一個安樂窩，不願冒險求發展，因而也不會有大的成就。只有那些在條件差的地方不服氣的人，上進心強，奮鬥不已，進展很快。敢於進取的人，不受環境地域的限制，不管到什麼地方，都可以為自己定下位置，立定座標，每天奮發向上，每年不斷升遷，穩紮穩打，一步一個台階，困境實際上就稱為順境。

客觀地講，從事業發展的角度來看，不發達的地域反而給自己的機會多些。這些地區的經濟及各項事業有待於起飛，急需人才，所以那些有志氣、有專長、能吃苦的人，如果下決心到這樣艱苦的地區開拓事業，同樣可以找到機會，同樣可以大有作為。

人在一生中難免陷入困境，而在遭受某些挫折打擊的時候，是會格外消沉的。在那一段時間裡，他會覺得自己像個拳擊失敗的選手，被命運重重的一拳打倒在地上，頭昏眼花，他會覺得自己簡直爬不起來，實在沒有力氣爬起來。

但是，只要我們心中還有希望，還有生活的勇氣，還有夢想，我們就會爬起來，走出困境。

困境使我們長知識，困境考驗我們的意志，增加我們的膽量。我們會淡忘別人的嘲笑，忘掉那失敗的恥辱，會為自己找一條合適的路。

困境並不可怕，可怕的是喪失銳意進取、執著向前的動力。失敗尚且可以轉化為成功，困境為什麼不能轉化為順境？在陷入困境時，我們往往會放棄努力，不再堅持嘗試，而且我們不再努力的理由通常是不充足的，例如：「這是不可能的。」或是：「我無法改變自己。」其實，我們是可以改變的。

只要可以發現機會，抓住機會，我們就會走出困境。縱觀古今中外，凡是成大事者可以獲得命運的青睞，是因為他們能牢牢抓住機會。

「機會只偏愛有準備的頭腦。」這是一句早為人們耳熟能詳的名言，其中所包含著的樸素真理曾經被無數人無數次所證實。

我們發現成大事的人可以獲得命運的青睞，可以在機會來臨的時候牢牢地抓住機會，就是因為他們較之常人為此進行更為漫長和充分的準備。他們就像一顆顆種子，在黑暗的泥土中蓄積營養和能量，如果聽到春風的呼喚，他們就會破土而出，長成挺拔俊秀的棟樑之材。

這樣就很好地解釋一些問題，即：為什麼有些人總能得到比別人更多的機會？為什麼面對同樣的機會，有人成功有人卻失敗？為什麼有些資質原本不好的人卻可以得到命運的垂青，而某些天資甚佳者卻最終庸碌無為？為什麼成功者總顯得比別人幸運？

這些問題的回答可以歸結為一句話，那就是：機會只偏愛那些為了事業的成功做出最充分準備的人。換句話說，只有在「萬事兼備」的情況下，東風才顯得珍貴和富有價值。

從某種意義上講，機會是被人創造出來的，是人的主觀能動性和外界環境變化的客觀必然性的結合。主觀方面條件的增強會影響到客觀環境的變化，使好的機會更容易產生。同樣的，當一定的機會已經出現後，那些不斷在提高自身素質方面進行努力的人則要較之常人更容易接近和抓住這些機會。

許多成大事者就是創造機會的高手，他們總是在努力，總是在奮鬥，開始時他們是在找尋機會，當他們自身的實力累積到一定的程度時，機會就會自動登門拜訪。隨著他們自身才能的不斷提高，知名度的不斷增加，其所面臨的發展機會也會相應的有質和量的提高。沒有他們的這些主觀努力，就不會有這麼多的良好機會。從這個角度上說，機會是那些有準備的人創造出來的，是對其努力的一種肯定和回報。

如果機會可被每個人輕而易舉地得到，這種機會就顯得沒有多少價值。事實上，機會往往是一種稀缺的、條件苛刻的社會資源，要得到它，必須要付出相當的代價和成本，必須具備相應的可以勝任的資格，這一切都離不開長期艱苦的準備。

但是有時候命運經常愛捉弄人，由於客觀原因的限制，並不是每個人都可以從事自己心愛的職業。當面臨這種情況時，有人將之視為不幸，而有人卻將之視為機會，他們能重新調整自己的人生目標，不怨天尤人，也不消沉沮喪，而是以「既來之，則安之」的心態，做一行，愛一行，把精力投入到所從事的新領域，進而開創出一番嶄新的事業。我們發現，**「把不幸也當作是一種機會」這種積極的人生態度是成功者**

的一大秘訣。

一帆風順固然值得羨慕，但是天賜的幸運不可多得，可遇不可求。唯一穩當可靠的是自己的智慧和奮鬥。無論你走了多少彎路，陷入怎樣艱難的困境，只要你不忘記你的方向，你就有實現自己目標的那一天。

民之從事，常於幾成而敗之。慎終如始，則無敗事

【語譯】

人們做事的時候，總是在快要成功時失敗。所以當事情快要完成的時候，也要像開始時那樣慎重，就沒有不成功的。

【原文釋評】

老子依據他對人生的體驗，指出許多人做事不能持之以恆，總是在快要成功的時候失敗了。老子認為出現這種情況的主要原因在於將成之時，人們不夠謹慎，開始懈怠，沒有保持事情初始時的那種熱情，缺乏韌性，要是可以做到在最後關頭像一開始的時候那樣謹慎小心，就不會失敗。

成功學證實老子這句名言。世界上多數成功者，其智力與我們並沒有多大區別，他們成功的秘訣就是具有超越凡人的非智力因素：強烈的事業心，吃苦耐勞的幹勁，尤其是持之以恆的毅力和善始善終的精神。

追求的目標越遠大，所要付出的勞動就越多，所要花費的時間也越長，而且有些工作越到後來難度越大。開始完成的大多是一些周邊或簡單的工作，到接近尾聲的時候剩下的都是一些難題，這個時候就更需要耐力和毅力。

善始善終是成功者的必備素質，它可以讓人以極大的耐心去處理平常的各種事情；以堅定的決心去對待擋在自己面前的困難，以堅定的信心去迎接外界的挑戰，攀登人生一個又一個的高峰。許多目標明確，善始善終的人，絕大多數都是取得卓越成就的人。

工作中可以經常做到善始善終，避免有始無終絕非易事。因為有始無終具有較強的隱蔽性。當做一件事開始覺得進展順利時，就會給人一種輕鬆的感覺，心中就會下意識地認為已經完成，這往往會促使你轉手處理其他事情，還會慶幸自己辦事效率很高。但是，當一段時間過後，回頭一看，就會發現那些問題根本沒有解決，還擺在那裡，甚至會有各種新舊的問題交替，使問題更加複雜，解決起來更加棘手。這樣「始」和「終」隱蔽起來，分不清彼此你我，而這種情況的發生，當事人經常是當局者迷，這也正是一個很不容易讓人克服的問題。如果一個人的工作長期處於有始無終的狀態中，他一開始積極進取的心態一定會受到破壞，自我價值也不會得到實現，當然也就更不會成功。更重要的是，如果讓其一味「蔓延」，會讓許多事情進展緩慢，影響人生長遠目標的實現。

為了做到善始善終，避免有始無終的破壞性影響，就需要經常跳到局外，做自己的一個旁觀者，需要隨時警省，切實從自身工作狀況出發，潛心投入。淺嘗輒止，停留在表面，就永遠嘗不到成功的甘甜。從做事開始，再從做事結束，經常反省自我，牢牢鎖定目標，就可以做到善始善終。工作是如此，其他方面也是這樣。

許多起初可以兩肋插刀的朋友，最後卻反目成仇；許多情人起初愛得死去活來，最後兩人形同陌路，有些人年輕時是時代新貴，到老來卻成為歷史的絆腳石……諸如此類善始不能善終之事舉不勝舉。看來，好的開頭不容易，好的結局就更難，所以英國人說：「**誰笑到最後，誰笑得最好。**」

【經典案例】

「開元之治」的盛唐氣象是在唐玄宗在位初期出現的。他在位的前二十年，勵精圖治，政治清明，國力強盛，經濟繁榮，文化發達，中國最偉大的詩人李白、杜甫都是他那個時代培育出來的。可悲的是到了晚年，他驕奢淫逸，張九齡等忠直之臣一個個被貶斥，像李林甫和楊國忠這樣平庸惡毒的小人在朝中飛揚跋扈，最終釀成安史之亂，他自己失掉「貴妃」，唐王朝也從此一蹶不振。

唐代立國之初，一代名臣魏徵就告誡唐太宗：「古今的君主，開始做得好的有很多，能始終如一的人數不出幾個。」唐太宗也許算得上始終如一的皇帝，早年十分節儉，晚年也不敢奢侈，前期可以虛心納下，後期不剛愎自用。可惜，中國像唐太宗這樣的皇帝太少了。

以常情而言，青年時屬於創業階段，一般人都可以夾著尾巴做人，進入老年以後有些理想變成現實，就容易毫無顧忌地放縱自己；即使那些壯志成空的失敗者也覺得再也用不著謹慎，自暴自棄。常言說「老醜，老醜」，老了不僅皮膚上出現了條條皺紋，在精神上也容易露出各種醜態。

為者敗之，執者失之

【語譯】

勉強作為的人必定會失敗，固執的人必定會有所失去。

【原文釋評】

老子認為，對有些事執著是沒有必要的，必須學會選擇，學會放棄。

【經典案例】

有一位登山隊員，某一次他有幸參加攀登珠穆朗瑪峰的活動，到了七千八百公尺的高度，他體力支持不住，停了下來。當他講起這段經歷時，人們很替他惋惜：為什麼不再堅持？為什麼不再咬緊牙關，爬到頂峰？

「不，我最清楚！七千八百公尺的海拔，是我登山生涯的最高點，我一點也不為此感到遺憾。」他笑著說。

他是明智的，充分瞭解自己的能力，沒有勉強自己，保存體力，沒有受傷而可以平安歸來。這是生活中一種美好的境界。

其實，生活並不需要這些無謂的執著，沒有什麼真的不能割捨，學會放棄，生活會更容易。

成功者的秘訣是隨時檢視自己的選擇是否有偏差，合理地調整目標，放棄無謂的固執，輕鬆地走向成功。他們知道什麼應該堅持，什麼可以放棄或必須放棄。堅持是一種良好的品性，但在有些事上，過度的堅持，會導致更大的損失。在人生的每個關鍵時刻，審慎地運用智慧，做最正確的判斷，選擇正確方向，同時不要忘記及時檢視選擇的角度，適時調整，放掉無謂的固執。

人是有思想感情的，有欲望的，總是嚮往著完美的境界。然而，缺憾也是不可避免的，就像月亮不可能夜夜圓滿，花朵不可能四季香豔。

人生的苦樂有很多種，失去自以為寶貴的，對每個人來說，難免是痛苦的，但一個人如能坦然面對失去的，並且可以主動放棄那些可有可無、並不觸及生活要義的東西，他的一生必將贏得更多的輕鬆和愉快。

人們追求進取的奮鬥，我們絕對不輕言放棄，可是現實生活的各種殘酷，我們必須學會放棄。我們不可能什麼都可以得到，所以我們應該學會放棄。放棄沮喪時的壞心情，放棄一次沒有把握的面試，放棄費力也做不好的事情，放棄一切對自己不利的東西……無謂的執著，經常給自己帶來痛苦，增加心理負擔，使現在變得殘酷。選擇放棄，可以使人釋然，令人豁達。

想要有永遠的掌聲，就要放棄眼前的虛榮。放棄，並不意味著失去，因為只有放棄才會有另一種獲得。

選擇放棄，不是萎靡退縮，消極避讓，不是扔掉一切，得過且過，而是善於審時度勢，從自己的實際出發進行明智的選擇。人生的有些部分，對我們來說是萬萬不能放棄的，像熱愛生活，珍惜時光，保持樂觀向上的心情，追求身心健康……則是永遠也不能放棄的。

與其苦苦地追求遙不可及的理想，不如學會放棄。堅持的精神固然可嘉，但你可知道勝利的背後又有多少不為人知的痛苦與悲傷？放棄那些註定不屬於自己的東西，放棄那份帶來痛苦的執著，放棄那段傷害自己傷害他人的愛情；去尋找更美好、更適合自己的目標，去尋找能更快到達成功彼岸的航線。

人的一生，總是懷著無邊的欲望，企圖更多地佔有，並將這種佔有美化，尋找出各種藉口，我們以為自己擁有的越多，就會離幸福越近。許多人不管自己的駕馭能力有多大，得隴望蜀，這山望著那山高。即使佔有的東西原本沒有什麼大用，也不願捨棄；即使心靈已經很累，也不怕再增加沉重的負擔。我們全部的錯誤，在於愚蠢的堅持。

從出生到長大，我們耳邊總是塞滿別人的囑託和規勸：刻苦學習，力求上進，為擁有令人羡慕的事業而奮鬥，為擁有幸福美滿的人生而奮鬥。上學要上台大，甚至哈佛或麻省理工學院；從商則要無法做比爾・蓋茲，也要做李嘉誠。不管這些目標是否切合實際，是否可以企及，幾乎所有人總是在諄諄告誡我們，擁有知識，擁有財富，擁有權勢，擁有……問題是，這些要求往往讓我們無所適從。究竟哪些蛋糕更適合我們的胃口，哪些美麗的花朵更適合我們去欣賞或採摘，沒有人告訴我們正確的道路，更沒有人能替我們做出決定。

什麼選擇是正確的、切實可行的，只會指手劃腳的人們，不瞭解你以及你的處境，因而他們無法給你正確的建議。所以，我們僅僅學會擁有是不夠的，僅僅學會擁有也是不實際的，還必須學會放棄。只有學會放棄，才可能更好地擁有。

放棄其實就是一種選擇。走在人生的十字路口，你必須學會放棄不適合自己的道路；面對失敗，你必須學會放棄懦弱；面對成功，你必須學會放棄驕傲；面對弱者，你必須學會放棄冷漠……我們只有在困境中放棄沉重的負擔，才會擁有必勝的信念。放棄我們必須放棄的和應該放棄的，我們才可能擁有的更多。因為只有虛懷若谷，才可能吞雲吐霧；只有浩瀚如海，才可能不擇江河。因此，在這個意義上說，學會放棄，甚至比一味追求擁有更重要。

放棄絕對不能成為我們困境中選擇逃避的藉口，絕對不能成為事業上免除責任的託詞。在放棄中，我們依然要將風雨擔在肩頭，不讓正義從身邊溜走。放棄心中的堅持，絕對不是放棄我們爭勝的氣魄；放棄身上的冗物，絕對不是放棄我們戰鬥的利刃。

有一位大學教授曾經向聖地亞神父問道，神父先是以禮相待，卻不說道。神父將茶水注入這位客人的茶杯，水溢了，神父還在不斷地注入。直到這位教授忍不住提醒時，神父才停住。神父說：「你不先把自己的杯子倒空，讓我如何對你說道？」大學教授恍然大悟。

難道聖地亞神父不是在告訴我們，學會放棄才可能重新擁有嗎？事業中是這樣，生活中也是這樣。有時候，放棄不僅僅需要勇氣，更需要一種智慧。時代不同，放棄的方法和放棄的內容不盡相同。面對新的實際，需要我們在事業和生活中好好學習，好好把握。放棄絕對不是一種簡單的減法，放棄甚至不曾是減法。放棄自己舊的思維模式，就可能贏得新的勝利，創造新的歷史。

即使是一輛汽車，所能承載的重量也是有限的。一點也不放棄的結果，只是被不堪承受之重壓垮，到頭來什麼也不會屬於自己。放棄那些力所不及的不切實際的幻想，放棄盲目擴張的欲望，放棄那些我們不想擁有並且對自己毫無意義甚至有害的東西，放棄一切應該放棄的東西，瞄準自己的目標，全力以赴，努力奮鬥，才會成就一番事業。

富貴而驕，自遺其咎。功成身退，天之道

【語譯】

富貴之人如果驕橫，那是自己留下禍根。一件事情做得圓滿就要含藏收斂，這是符合自然規律的道理。

【原文釋評】

做事要留有餘地，不要把事情做得太過，不要被勝利沖昏頭。老子認為，不論做什麼事都不可過度，而是應該適可即止。鋒芒畢露、富貴而驕、居功貪位，都是過度的表現，難免招致災禍。一般人遇到名利當頭的時候，沒有不心醉神往的，沒有不趨之若鶩的。老子在這裡說出知進而不知退、善爭而不善讓的禍害，希望人們把握好度，適可而止。

老子說：「持而盈之，不如其已。」「盈」即是滿溢、過度的意思。這句話可從兩個層次來理解：如果真的可以對天道自然的法則有所認識，可以將生命原有的真實性善加利用，就可以優遊餘裕而知足常樂。如果忘記原有生命的美善，反而利用原有生命的充裕，擴展欲望，希求永無止境的滿足，必定會招來無限的痛苦，還不如寡欲、知足，就此安於現實。

告誡在現實人生中的人們，如果可以保持已經有的成就，就是最大的幸福。如果有非分的欲望和希求，不安於現實，要在原本已經持有的成就上，更求擴展，在滿足中還要追求進一步的盈裕，最後終歸得不償失。總之，這種觀念的重點，在於一個「持」字的訣竅。能不能持盈而保泰，就要看當事人的智慧。自滿自驕都是「盈」的表現。持「盈」的結果，將不免於傾覆的禍患。老子諄諄告誡人們不可「盈」，一個人在成就功名之後，就應該身退不盈，才是長保之道；所以必須適可而止，功成則身退，才是明智之舉。因為貪慕權位利祿的人，往往得寸進尺；恃才傲物的人，總是鋒芒畢露，耀人眼目，這些是應該引以為戒的。否則富貴而驕，就會招來禍患。

以普通人而言，建立功名是相當困難的，但功成名就之後如何去對待它，就更不容易。老子勸人功成而不居功，急流勇退，結果可以保全天年。然而有些人貪心不足，居功自傲，忘乎所以，結果身敗名裂。

【經典案例】

李斯在秦國為官，已經做到丞相之位，可謂富貴集於一身，曾經叱吒風雲，不可一世，然而最終卻做了階下囚。臨刑時，他對兒子說，「吾欲與若復牽黃犬，出上蔡東門，逐狡兔，豈可得乎？」不僅丞相做不成，做一個布衣百姓與兒子外出狩獵的機會也沒有，這是多麼典型的一個事例！可惜李斯在沒有身敗名裂的時候，沒有領會老子「功成身退」的真諦。

作為普通人要做到淡泊名利與地位，才有可能「功成身退」。事物的發展本來就是向著自己的反面在一定條件下轉化的，否泰相參、禍福相依，古今中外的歷史上長盛不衰能有幾人？「功成名就」固然是好事，但其中卻也含有引發災禍的因素。

老子已經悟出這個道理，正確指出進退、榮辱、正反等互相轉化的關係，否則就會招致災禍。因而他奉勸人們趁早罷手，見好即收。人做任何事情都要有限度，所謂「官大擔險，樹大招風」、「否極泰來」、「物極必反」，都說明這個道理。 個人到了一定的爵祿官位就應該急流勇退，否則會給自己帶來災禍。做任何事情都不能做得太絕，否則會使自己走向衰落；言語行為不可以論調太高，否則會受人中傷而毀壞名譽。這些道理很多人也都明白，但真正能做到的人卻不多，官做大了雖然有危險，可是還想做下去，錢賺多了有麻煩，可是還想賺更多；聲譽已經夠高了，可是還想贏得更大的榮譽。對於這些人來說，一定要經常提醒自己：要迴避風頭，除財免災，多做善事，少謀私利。宋代歐陽修有這樣的詩句：**「定冊功成身退勇，辭榮辱，歸來白首笙歌擁。」**這正展現「功成身退」的精神。

真正知道急流勇退保安生的就是范蠡。范蠡在助越王勾踐滅吳之後，認為「大名之下，難以久居，且勾踐為人可與同患，難與處安」，就放棄上將軍的大名和「分國而有之」的大利，隱退於齊，改名換姓，耕於海畔，父子共力，後居然「致產十萬」，受齊人之尊，拜為卿相。後以為「久受尊名，不祥」，就呈繳相印，盡散其財，在陶地隱居，從事耕畜，經營商貿，又積資數萬，安享天年。另一個共扶勾踐成就帝業的文種因為貪戀富貴功名而不聽范蠡的勸告，結果死在勾踐的手裡。

財富到達金玉滿堂的程度，不能透徹瞭解陶朱公（范蠡）三聚三散的哲學藝術，最後想要守住已經有的利益而不可得。一個人如果已經把握有鋒銳的利器，卻仍然不滿於現狀，反而在鋒刃上更加一重銳利，俗諺所謂「矢上加尖」，原有的鋒刃就很難保住。這是形容一個人對聰明、權勢、財富等事物，都要知時知量，自保自持。如果已經有聰慧而不知謙虛涵容，已經有權勢而不知隱遁退讓，就會招來禍患。富貴容易驕橫，得意容易忘形，這是人類的通病。

路易十六在凡爾賽宮的宮廷生活，耗費國家金錢之多，令人嘆為觀止。每當有外國君主或重臣來訪，路易十六都一定要在凡爾賽宮開設盛宴，一次宴會下來，動輒就是千萬金元，笙歌達旦，作長夜之歡，戲子、歌女、舞妓，日夜不停地出入宮門，跳羽衣舞，唱霓裳曲。

凡爾賽宮一年所喝的葡萄酒，就值七十萬法郎之多。至於王宮中所用的宮人，更是多到令人難以置信。國王的秘書官將近千人之多，王后的侍女也有五百人之多，總計凡爾賽宮的宮女和侍臣是一萬六千人，其中還不包括一般貴族與朝臣。皇宮裡的御用馬匹有八、九百，御用車輛百多輛，所以每當路易十六出外巡幸，其行列之壯大有如祭典，無數車馬排成一條長蛇陣，大臣們佩紫帶黃，宮女們美服豔裝，那種窮奢極欲的威風氣派，真是有如天人一般。總計每年王室所花用的金錢竟相當國庫總收入的五分之一。除此之外，還有將近一萬的禁衛軍，每年也要花費三百萬元以上。

王后瑪麗，更是豪闊無度。她的各種手鐲，就價值七、八百萬法郎，其他的首飾那就更不用說。可惜路易十六不能「持盈保泰」，反而促成大革命的提早來臨，徒使自己與瑪麗王后都上了斷頭台。

人要忍驕，不自以為是，要克驕防矜，謙恭待人，才可以獲得他人的支持和擁護。現今社會，富貴而驕橫者卻大有人在，尤其是暴發之人，理應以此為戒。

老子說，「貴以賤為本，高以下為基」。富貴者應該認識到「賤」、「下」是自己的根基。有道的人無須光華如玉，還是質樸更好一些。做事不可太過，要留有餘地，給別人留餘地，就是給自己留退路。不給別人機會，等於自絕前途。

老子
LAOZI

第五章：動靜由心的人際交往

人是社會中的人，社會性是人的根本性質之一，所以誰都離不開人際交往。在人際交往中把握分寸，能進能退，能動能靜，這才是智者所為。

天網恢恢，疏而不失

【語譯】

道彷彿廣大無邊的羅網，網眼雖然稀疏卻不會漏失任何東西。

【原文釋評】

人活在世上不是生活在一個人的世界裡，人與人要交際，這就產生人際交往和人際關係。人一生要和多少人發生關係，有家庭的人際關係，有親戚鄰里的人際關係，有師生關係、同學關係，工作後又有單位裡的人際關係，還有其他社會上的各種人際關係。每個人一生下來就形成一張人際交往之網，而且隨著人的成長不斷地在編織這張網，所以每個人都處在一張巨大的人際關係網上。

真的用得著老子的名言：「天網恢恢，疏而不失。」現在的人聽到這句話，先想到的可能是「法網恢恢，疏而不漏」。其實「法網恢恢，疏而不漏」只是老子這句話的演繹，法網是天網中的一部分，老子本來說的「天網」是指一個無邊無垠、無所不包的「道」之網，就是「道」的綱紀。人際交往之「道」當然也是「天道」的一個組成部分，因此說人際關係的「天網恢恢，疏而不失」同樣是生動的智慧演繹。人際關係這張「天網」同樣是無窮的玄妙。它夠廣大、夠寬闊的，它無處不在，無遠不及，好像網眼很稀疏，但任何人不會逃脫這個網，不會漏出這個網。

但是，你要處理好這張關係網還真不容易，有些人不會處理人際交往，弄得一團糟，就會苦不堪言。例如：在家裡夫妻不合、婆媳不合、父母與子女關係不和，與鄰里關係也很僵。上班和上司關係緊張，與同事關係也緊張；下班想和朋友聊聊，朋友關係又很緊繃。你要怪誰啊！當然，除了你自身的一方，還有你交往的那一方也可以考慮，但是細細地想來可能主要的還是自己的問題。

因為每個人都是生活在群體之中的，這就要求你必須懂得與他人溝通交流，否則就很可能讓你的人際關係越來越僵化、越來越糟糕。人長久地處在一種惡劣的人際關係中，很容易產生心理疾病，自我封閉，甚至發瘋發狂。

要擁有良好的人際關係，關鍵是不自我封閉。自我封閉是一種常見的、消極的心理，表現為不願與人交流，不敢踏入新的交際圈子，長期累積下去到一定程度，還會發展成為一種嚴重的心理疾病。之所以會形成自我封閉，原因大致上有以下幾個方面：

過分自尊。世界著名心理學家馬斯洛的自我實現心理學提出人的自尊需要，馬斯洛認為每個人都希望自己得到公眾的尊重和喜歡，但是這種自尊的需要僅僅是自己本人的一種希冀，能否在事實上得到，則取決於公眾對自己言語、舉止、行動的評價和肯定。如果將自尊的需要作為一種行動去指導自己的行為，原本沒有理論上的錯誤，問題是這種自尊心理不能過分。一個人在人際交往中自尊心理過分佔據指導和支配地位，就會擔心自己的行為是否不當，怕人們會怎麼看待自己，甚至有時候會因為過分自尊心理之故，而不願與比自己強的人交往，擔心相比之下，會相形見絀。如此思來想去，就會把自己封閉起來，不願與外界往來，慢慢地就難以適應現代社會。

愚昧無知所致。一位西方心理學家指出：「**缺乏知識是產生懼怕的源泉，知識是醫治懼怕的良藥。**」

例如：別人正在熱烈地談論一個話題，一個根本不知曉此類問題的人在這種社交場合下，他如果不介入談論，別人就不知道他對這個話題一無所知；如果介入談論，就會由於無知而「出醜」，所以這種情況下，他就會封閉自我，不參與社交，孤立於一隅。

冷漠無情。一個人對別人、對社會付出的愛心和關心越少，他離這個時代就越遠，離他的朋友就越遠。他會逐漸覺得社會和自己有很大差距，朋友和自己關係也非常疏遠。於是他只能封閉自己，就像僵屍裏上綳帶，守財奴葛朗台沒有一個真正的朋友不是恰巧證明這一點嗎？每個人都有被別人尊重和關心的需要，這是我們心理的最基本需求之一。無論你取得什麼樣的成功，或大或小，如果沒有人來與你分享，對你關心，你所取得的成績毫無任何意義，你終將鬱鬱而終。跟隨冷漠而來的，必將是內心深處的孤寂、淒涼和空虛。很多冷漠的人，最後選擇自我摧殘和自我埋葬。有一個老人一生不喜歡走出家門，也沒有什麼朋友，他的家人離他而去，最後他死在自己家中的馬桶上，死後兩個月才被別人發現。冷漠者最終的結局就是這樣淒慘。

【經典案例】

股票大王巴菲特曾經是一個冷漠至極的人，他對金錢過於追求，是一個對金錢和經濟比較敏感的人，後來取得巨大的商業成功，可是到頭來他感到寂寞和空虛，因為他之前對社會和朋友、家人缺少關愛，以至於沒有幾個人願意關心他的成就，別人只是關心與他之間赤裸裸的商業利益。他感到孤寂，他感到無聊，他的頭髮都掉光了，全身浮腫！在華倫・巴菲特的晚年，他終於意識到自己的冷漠帶給他無盡的痛苦，最終他決定把他九十九%的財產奉獻給社會，來彌補他冷漠的過去。果然，他如願以償，他變得容光煥發，每天享受人與人之間互相關愛的樂趣。

每個人都有自己的短處，敢於承認自己短處的人是勇敢的人。很多人不敢在別人面前承認自己的缺陷和不足，就害怕別人看不起他，其實「頭上的爛瘡疤是蓋不住的」，只有承認它的存在，才有改正的可能。此外，每個人都有不足，你承認自己不足也沒有什麼好丟臉的。相反的，你承認自己不足，大家會認為你是一個誠實的人，值得信賴，反而願意和你成為朋友。

多與別人交談，敞開心扉，能容他人，他人也就可以容自己。話語是打開心靈的鑰匙，多與人交談就會逐漸地敢於說出自己的心裡話，就會與人坦誠相待，就會容許別人發表自己的見解，就會達成一致，就會建立友誼，你也就學會交際。

其實，只要你可以坦誠地對待別人，不掩藏、不懼怕、不羞怯，你就會發現外面的世界很精彩，社會中的人大部分都是很容易接觸的，就可以輕而易舉地走出人際交往中的不足，建立起和諧的人際關係。

萬物負陰而抱陽，沖氣以為和

【語譯】

萬物都包含著陰陽，陰陽混合適中的就生成新的和氣。

【原文釋評】

老子認為，萬物都是和諧的，和諧是美好的、積極的，人際關係也要保持和諧。為什麼要和諧？這可以從天文、物理、醫學等各方面來考慮。在自然界裡，周而復始不停運轉的日月星辰都是球形的，從耗能的角度來看，圓形運動最節約，人在和諧的情況下耗能最少。如果耗能多，生命就凋亡得快。人隨時都在消耗能量，耗能少的人壽命就長，耗能多的人壽命會短。實際上，這是自然界的一個共同規律。現在不和諧的事兒還真是不少，不僅身心不和諧造成的疾病多了，發病率高了，疾病低齡化了，同樣的病，過去六、七十歲才會得，現在二、三十歲就會得；至於家庭，打架的多了，離婚的多了，刑事案件多了，經濟糾紛多了。如果總是處在這種不和諧的狀態下，從社會角度來說，運行成本就高。出了事，警察出動，上法院再告你，耗能，社會為了維護穩定就要消耗很高的成本，經濟上會有很多不必要的損耗。

人際關係不和諧的一個很重要的原因，就是互不信任，失去信心，失去信仰，於是人際關係就會變得相當的惡劣。還不僅僅是人際關係淡薄了，是失去起碼的誠信，這樣就難得和諧。從我們自身來說保持人際和諧要注意幾點：

多與別人交往

我們的身邊有許多人，總是將自己置身於孤獨的境地，他們不願意與他人交往，不願意參加一些特別的聚會，他們害怕出席各種的慶祝會議，他們只願意把自己封閉在屬於他們自己的小天地裡。對於他人的邀請，他們總是以各種的理由加以拒絕，他們甚至有意迴避與他人相處。

如果你是這樣的人，我要提醒你，這是一個非常不好的習慣，是一個將自己置身於讓他人厭棄的地步的習慣。你不願意與他人交往，不願意去湊他人安排的熱鬧，對於你來說，只是失去一次與他人同樂的機會，可是對於他人來說，他們會因為你的迴避或拒絕而感到無趣，在他們的眼裡，你是一個掃興的人。一個掃興的人，是不可能為人們所重視的，因而你會逐漸失去在人們心目中應該有的位置。大家會逐漸地把你遺忘，會逐漸地把你從他們的印象圈中剔除，讓你成為一個真正沒有朋友的人，你只能在自己的孤獨中承受寂寞。

你為什麼不能把自己的心胸放開一點？在許多時候，你是必須與他人交往的，如果你不願意，對你的工作和生活都有害無益。如果你還沒有認識到這一點，我提議你從現在開始，嘗試著接近他人，盡可能地參與到他人的熱鬧之中，盡可能地接受所有對你的邀請，盡可能地為自己製造與他人交往的機會。這樣一來，你會發現與同事們交往原來是件多麼快活的事情。你還會發現，在你與他人的交往中，不僅會使你自己變得開朗快活，同時你也會獲得更多的知識，你肯定會為以往自己的孤立而感到慚愧。沒關係，繼續下去，直到與別人打成一片，讓你成為他們中的一員。

不要輕易張揚個性

年輕人可能都認為個性很重要，他們最喜歡談的就是張揚個性。我們的各種媒體，包括圖書、雜誌、電視等也都在宣揚個性的重要性。

我們可以看到許多名人都有非常明顯的個性，不管他是一個科學家，還是一個藝術家或是軍事家。愛因斯坦在日常生活中非常不拘小節，巴頓將軍性格極其粗野，畫家梵谷是一個缺少理性，充滿藝術妄想的人。

名人因為有傑出的成就，所以他們許多怪異的行為往往被社會廣為宣傳，有些人甚至產生這樣的錯覺：怪異的行為正是名人和天才人物的標誌，是其成功的秘訣。我們只要加以分析，就會發現這種想法是十分荒謬的。名人確實有明顯的個性，但他們的這種個性往往表現在創造性的才華和能力之中。正是他們的成就和才華，他們的特殊個性才得到社會的肯定。如果是一般的人，一個沒有多少本領的人，他們的那些特殊的行為可能只會得到別人的嘲笑和不理解，所以只有有才能的人更適合擁有一些特殊的個性。

社會是一個由無數個體組成的人群，每個人的生存空間並不很大。所以，當你想伸展四肢舒服的時候，必須注意不要碰到別人；當我們張揚個性的時候，必須考慮到我們張揚的是什麼，必須注意到別人的接受程度。如果你的這種個性是一種非常明顯的缺點，你最好的選擇還是把它改掉，而不是去張揚它。

我們必須注意：不要使張揚個性成為我們縱容自己缺點的一種漂亮的藉口。社會需要我們創造價值。社會首先關注的不是我們具有什麼樣的個性，而是我們具有什麼樣的工作品質。如果我們的工作品質是有利於創造價值的，我們就會受到社會的歡迎，否則我們就會受到社會的冷遇。個性也不例外，只有當你的個性有利於創造價值，是一種生產型的個性，你的個性才可以被社會接受。

巴頓將軍的性格粗暴，他之所以能被周圍的人接受，原因是他是一個優秀的將軍，他能打仗，否則他也會因為性格的粗暴而遭到社會的排斥。所以我們應該明白：社會需要的是生產型的個性，只有你的個性能融合到創造性的才華和能力之中，你的個性才可以被社會接受，如果你的個性沒有表現為一種才能，僅僅表現為一種脾氣，它往往只能給你帶來不好的結果。

你想要成就一番事業，應該把個性表現在創造的才能中，盡可能與周圍的人協調一些，這是一種成熟、明智的選擇。

心態要好

一切工作的核心應該是和諧，而不是鬥爭，也不是比較、嫉妒、競爭、仇恨。別人可能會嫉妒你，不要去理會他，你還是要保持和諧的心態。有人說你壞話，你可以裝作不知道，一笑置之。他一看，我說你壞話，你並不介意，他也會慢慢化解。

知我者希，則我者貴。是以聖人被褐懷玉

【語譯】

理解我的人少，說明我是珍貴的，因為高尚的聖人都是外面穿著粗麻衣衫而懷內卻揣著寶玉。

【原文釋評】

許多傑出人物都遭遇過不被人理解，甚至被人誤解的命運。

【經典案例】

貝多芬學拉小提琴時，技術並不高明，他寧願拉他自己做的曲子，也不肯做技巧上的改善，他的老師說他絕對不是當作曲家的料。歌劇演員卡羅素美妙的歌聲享譽全球。但當初他的父母希望他能當工程師，而他的老師則說他那副嗓子是不能唱歌的。

發表《進化論》的達爾文當年決定放棄行醫時，遭到父親的斥責：「你放著正經事不做，整天只管打獵、捉狗捉老鼠的。」此外，達爾文在自傳上透露：「小時候，所有的老師和長輩都認為我資質平庸，我與聰明是沾不上邊的。」華特‧迪士尼當年被報社主編以缺乏創意的理由開除，建立迪士尼樂園前也曾經

破產好幾次。

愛因斯坦四歲才會說話，七歲才會認字。老師給他的評語是：「反應遲鈍，不合群，滿腦袋不切實際的幻想。」他曾經遭到被迫退學的命運。法國化學家巴斯德在讀大學時表現並不傑出，他的化學成績在二十二人中排第十五名。牛頓在小學的成績一團糟，曾經被老師和同學稱為「呆子」。

羅丹的父親曾經怨嘆自己有一個白癡兒子，在眾人眼中，他曾經是一個前途無「亮」的學生，藝術學院考了三次還考不進去。他的叔叔曾經絕望地說：「這個孩子沒救了。」《戰爭與和平》的作者俄羅斯文壇泰斗托爾斯泰讀大學時因成績太差而被勸退學，老師認為：「他既沒讀書的頭腦，又缺乏學習的興趣。」

一代藝術家梵谷，生前經常是在饑貧交困和不被理解中度過，但是從來不會怨天尤人。從梵谷那許多的關於貧窮礦工的素描和普通人物的繪畫，我們看到一種對苦難的關注。他自願到比利時南部貧窮礦區當牧師期間對礦工的護愛，對老妓女西恩的熱情，都可以看到這種人性裡博愛的慈悲。這是源自生命本身的愛，我們從他的畫《打開的聖經，蠟燭和小說》可以看到過神性。

米勒的祖母告誡米勒的話：「記住，法蘭索瓦，你首先是基督徒，然後才是藝術家。」同樣也完美地展現在梵谷的人生裡。

上帝永遠是讓天才受苦難的，這已經成為一種象徵。身前不被世界理解與原諒的梵谷、靠弟弟救濟過日子的梵谷生命是灰色的，我們從他許多暗色調的作品裡可以讀到這種悲哀。但就是在跌宕的人生裡，繪畫的主線卻一直貫穿。

孔子說：「人不知而不慍，不亦君子乎。」

別人不理解的時候很多，被別人理解的時候很少，每個人幾乎都是如此，不然也不會有「人生得一知己足矣」的說法。大眾的說法叫「理解萬歲」，因為理解難得啊！

人是很複雜的，歸根到底是很難被別人完全理解的。

詩云：「知我者，謂我心憂；不知我者，謂我何求？」

人，要努力去瞭解別人，盡量讓別人瞭解，實在不被理解，就順其自然吧！正所謂清者自清，濁者自濁，身正不怕影子歪！走自己的路，讓別人去說吧！

老子以自身的經歷勸慰我們：只要心中有愛，只要個人有才，不要害怕不被人理解。腹有詩書氣自華，飽學的儒者，自然是溫文儒雅，「山不言自高，水不言自深。」還擔心別人不理解、不知道嗎？

非以其無私邪？故能成其私

【語譯】

不正是因為他無私嗎？所以能成就他的自身。

【原文釋評】

老子認為，一個人無私地幫助他人，他自己也會獲得好處。輔佐周朝建立起不朽功業的姜太公對周文王說：「天下不是一個人的天下，而是天下人的天下。同享天下利益的人會得天下，獨佔天下利益的人會失去天下。」把他人的憂慮當作是自己憂慮的人，人們也憂慮他的憂慮；把他人的快樂當作是自己快樂的人，人們也快樂他的快樂；以利幫助人們的人，人們也以利幫助他；以道德對待人的人，人們也以道德回報他。這就是人之常情。

古代哲人說：「喜愛人們的人，人們也經常喜愛他。恭敬人們的人，人們也始終恭敬他。」所以，愛人也就是愛己，利人就是利己，助人就是助己，成就他人就是成就自己。反過來，刻薄他人就是刻薄自己，譭謗他人就是譭謗自己，損害他人就是損害自己。這是千古不變的規律。

古代做大事成大功的人，因為他們能成大德，得萬民。能得到大眾的相助，就可以得到天助。所以說：「幫助他人就是幫助自己，周濟他人就是周濟自己。」又說：「輔佐幫助人的人，天賜福給助福於他人的人。」這就是想成就天下的大功的人，所以要先求得幫助於人的道理。

得到大眾幫助的人成功就大，得到少數人幫助的人成功就小，得不到人們幫助的人，沒有不失敗而能僥倖成功的。得到家鄉幫助的人，可以取得鄉地；得到人民幫助的人，可以取得國家；得到天下幫助的人，可以取得天下。想要得到別人的幫助，就必須先幫助別人，吃虧在前享福在後。所以，犧牲自己以服務於家庭，服務於朋友，服務於社會，服務於民族和國家，服務於全天下的人生觀養成以後，就要使自己的思想意識表現在行動上，並使這個行動在日常生活中成為習慣和準則，就會出於自然、發於至誠，就像有天賦的本能行為一樣。

我為人人，人人才會為我。自己不幫助別人，還想別人都幫助我，這無異於等著天上往下掉餡餅。

【經典案例】

宋太祖趙匡胤原本是後周世宗的大將。有一次，趙匡胤想喝酒，就讓掌管茶酒的官員曹彬給自己弄一些。曹彬說：「很抱歉，我掌管的是官酒，不能相贈。」曹彬沒有答應他的要求，但自己買酒給他喝。後來趙匡胤當上皇帝，一次對群臣說：「後周世宗的親信不欺瞞主子的，只曹彬一人而已。」從此把他當作心腹，委以重任。

曹彬此舉，從交際的角度講，是一種既重視原則又重視靈活性的做法，從與人相處的角度講，是一種既考慮到自己又考慮到他人的互利做法。

只有自我的人，連當自我的資格都沒有

從嚴格意義上說，單獨的「我」是不存在的，真正的「我」是一個共存體，「我」就是自己和別人。由於人的根本性質之一就是社會性，一個人的成功與幸福無法離開社會，而且個人的人生價值也只有從社會中才可以展現出來。如果一個人認為自己是獨立於他人和高於一切人的，其思想和行為都圍繞自己的利益展開。其結果，只是證實一個簡單的道理：只有自我的人，連當自我的權利都沒有！正如心理學家艾德勒說：「不關心別人的人，遇到的人生困境最嚴重，傷害別人也最深。人類的一切失敗都根源於這類人物。」

利人先學會自利

中國儒家文化的教育觀提倡「內聖外王之道」，總想把人培養為「聖賢」。宋代理學家朱熹甚至主張「存天理，滅人欲」。各種過激的言辭和行為不僅造成對正常合理人性的壓抑，而且還導致不少人間的悲劇。由於每個人都需要索取一定的社會資源才可以維持生存和發展，所以從這個意義上說，只有愛自己才可以更好的愛別人，愛自己也是一種基本的社會責任。

樂於助人、樂於奉獻，是一種崇高的情感，但毋庸置疑的是，利人也要有利人的本錢。假如沒有這份本錢，就會出現所謂「本想度眾人，反被眾生度」的悲劇，媒體已經多次報導一些心理諮詢專家最後自己卻自殺的事。從自私走出的第一步，是從學會自利與利人開始。「自利」並不等同於「自私」。自利是謀求自己的利益，而自私，則是只謀求個人的利益。猶太先哲希勒爾說：「如果我們不為自己努力，我們靠誰？如果我們只為自己努力，我們成為什麼？」

從「自我突破」到「突破自我」

自我中心的人，只對自身表現單向度重視，這就是「我執」。但生活往往給人一個教訓：唯有重視他人的利益，才可以得到自己的利益。為了得到自我，必須超越自我。否則生命就不可能豐盈，心靈就不可能廣大，人類就會越來越作繭自縛。

學會敬重

實現互利最基本的一點，就是學會敬重他人。「敬重是智慧的開端。」你可以和你看不起的人交朋友，但卻很少可以和看不起你的人交朋友。這樣設身處地一想，你就知道一個很簡單的道理：假如失去對別人的敬重，同時你就失去朋友。

懂得感恩，懂得回報

不管你取得多大的成就，都應該培養自己的感恩之心，回報之心。自己所獲得的一切、所享受到一切，不是平白無故的，而是許多其他人所創造和奉獻的。他們或直接或間接，構成今日我們的成就，我們多付出一分感謝，就會多得到一分溫暖。

學會寬容

寬廣的胸懷是成就事業的基礎。所謂「宰相肚裡能撐船」，就是說成就事業的人，一定要有容人之量。有寬廣的胸懷，可以容忍別人使你難受的方面，往往辦起事來，就更加能達到目標。漢文化對「容」

十分重視。還有一個詞「有容乃大」，講的是有可「容」器量就會大；「有容乃易」，則是更進一步從達到目標的角度來闡述寬容的意義。一個人犯錯，往往因為只從自己一個角度思考問題。學會換位思考，即完全轉換到原來對方的位置思考，理解人、寬容人。

掌握分寸

人性是複雜的。對他人應該關心，但是過分的關心很可能變為一種壓制；對他人應該愛，但是過分的愛很可能讓人窒息；能幹的自我形象和幫助他人的舉動，可以征服他人，但是假如過於突顯自己，反而會使人反感，不如弱化自己的形象。

第一次世界大戰期間，一位美國黑人少校在檢閱一隊白人士兵時，其中一個白人士兵出於對黑人的蔑視，沒有按照軍規向他敬禮。少校本來走過去，這個時候又轉過身來，把軍帽取下。對士兵說：「士兵，你拒絕向我敬禮，我並不介意。但是，這頂帽徽代表美國的光榮與偉大。你可以看低我，但必須尊敬它。現在，請你向它敬禮！」士兵一聽，臉一紅，立即向他敬了一個十分莊嚴的軍禮！

學會雙贏

在人際關係中，很容易遇到兩難的問題。既要滿足自己的要求，又要滿足別人的要求。這個時候，就要有建設性的思維，學會雙贏。建設性思維的特點，就是在遇到難題的時候，一方面要經常強調「最大效益」原則，另一方面也要注意策略。

第六章：精絕微妙的說話藝術

語言是人思想的外化。美好的語言使人獲得聲名，聰明的語言助人事成，糟糕的語言讓人遺殃，而無聲的語言——沉默，它的力量深不可測。

美言可以市尊，美行可以加人

【語譯】

美好的言語可以取得別人尊重，美好的行為可以被人看重。

【原文釋評】

我們從人際交往來看，美好的言語，確實可以讓人敬重。有些人因為品德高尚而被人看重，所以他說出來的「美言」、「嘉言」也使人可愛，也受人敬重。

【經典案例】

唐代名臣魏徵是一個敢於向唐太宗李世民進諫的人，他的「美言」不僅博得當時人的尊重，而且也博得一代代後人的敬重。

他寫了一篇《諫太宗十思疏》向唐太宗李世民提出思知足、思知止、思謙和等「十思」的建議；還向唐太宗進諫過一篇美文，叫《十漸不克終疏》。貞觀十三年，魏徵看到唐太宗奢侈放縱，恐怕他不能堅持清廉到底，就上了奏章。他向唐太宗指出有十個方面「漸不克終」，漸就是逐漸，克就是可以，意思是原來做得不錯的，現在時間一長，逐漸不能堅持到底，所以要加以提醒。

唐太宗看過以後，感嘆地說：「人臣事主，順旨甚易，忤情尤難，公作朕耳目股肱，常論思獻納。朕今聞過能改，庶幾克終善事。若違此言，更何顏與公相見，復欲何方以理天下？自得公疏，反覆研尋，深覺詞強理直，遂列為屏障，朝夕瞻仰。又錄付史司，冀千載之下，識君臣之義。乃賜徵黃金十斤，廄馬二匹。」（《貞觀政要》）唐太宗不僅感動了，賞賜了，而且寫在屏障上，朝夕可以看到，提醒自己，又抄錄下來存檔，成為歷史文獻，教育後代。確實，「十漸不克終」和「十思」是吻合的，這兩者雖然是針對唐太宗來說的，但是細細想來，一直到現在還是有閱讀的價值，對於每個人來說，不就是這樣嗎？

魏徵的「美言」，當時就感動過好多人，得到好多人的尊敬。例如：唐朝的長樂公主將要下嫁，唐太宗特別喜歡這個女兒，因為她是皇后親生的，於是就下令給有關官吏，她的嫁妝要隆重，是永嘉公主的一倍（永嘉公主是長樂公主的姑姑）。

魏徵覺得這種做法不妥當，直言進諫。他用東漢明帝劉莊封賞自己兒子的事來作比較。魏徵說：「當年漢明帝要封賞自己的皇子，說『我的皇子豈能同先帝的皇子相提並論！』敕令都只封給先帝光武帝的皇子楚王劉英、淮陽王劉延封地的一半。如今你給公主的陪嫁，是給她姑姑陪嫁的一倍，恐怕和漢明帝的英明做法不一樣吧！」唐太宗將這件事告訴皇后，皇后忍不住讚歎地說：「臣妾多次見陛下稱讚、看重魏徵，不知是什麼緣故。現在看他援引禮義來抑制皇上的私情，才知道他真是社稷之臣！臣妾與陛下結為夫婦，多承陛下的恩禮，但每次提什麼建議，都要察看陛下的臉色，不敢輕易冒犯陛下的威嚴，何況他是處在人臣的疏遠地位，卻可以如此直言諍諫，陛下不能不聽從。」

再說唐太宗能有這樣的氣度，真是很不容易，但是有時候魏徵當面強諫，還弄得唐太宗顏面盡失，唐太宗也無法忍受。有一次唐太宗退朝回宮，生氣地說：「總有一天，我要殺了這個鄉下人。」長孫皇后很少見到他發這麼大的脾氣，問要殺了誰。唐太宗說：「還不就是那個魏徵，總是在朝堂上當眾羞辱我，叫我實在無法忍受！」皇后聽了，也不表態，立刻退回內室，穿戴一套朝見的禮服站在庭堂上，唐太宗吃驚地問：「這是做什麼？」皇后說：「臣妾聽說，如果君主賢明，臣下就正直。如今魏徵很正直，正是因為陛下賢明的緣故，臣妾怎麼可以不慶賀？」長孫皇后的一番美言，把唐太宗的滿腔怒火澆滅了，他轉而高興起來了。

後來魏徵死了，唐太宗很傷心，親自為他寫了墓碑的碑文，還說了一番美言，流傳於世：「用銅做鏡子，可以整理衣帽；用歷史做鏡子，可以知道興亡的道理；用人做鏡子，可以知道自己的過失。我經常用這三面鏡子來檢查自己的得失。如今魏徵去世了，我就少了一面鏡子啊！」

曲則全，枉則直

【語譯】

委曲反而可以成全，彎曲反而可以正直。

【原文釋評】

老子認為，只有拐個彎才可以達到目的，並且更快更好。說話藝術也是如此，直著不行不妨就繞個彎，要知「寧向直中取，不向曲中求」可是一個天大的錯誤。

【經典案例】

漢武帝有一個奶媽，他自小是由她帶大的。歷史上皇帝的奶媽經常出毛病，問題大得很。因為皇帝是她的乾兒子，這奶媽的無形權勢，當然很高，因此「嘗於外犯事」，經常在外面做些犯法的事情；漢武帝也知道了，準備把她依法嚴辦。皇帝真的發脾氣了，就是奶媽也無可奈何，於是只好求救於東方朔，讓東方朔去說情。

漢武帝至少有兩個人他很喜歡，一個是東方朔，他非常幽默而滑稽，經常與漢武帝說笑話，把漢武帝弄得啼笑皆非，但是漢武帝很喜歡他，因為他說的話很有道理。另一個是汲黯，他的人品道德好，經常在漢武帝面前頂撞他，敢於講直話。

奶媽想了半天，不能不求人家。皇帝要依法辦理，實在不能通融，只好來求他想辦法。他聽了奶媽的話以後說：「奶媽，注意啊！這件事情，只憑嘴巴來說，是沒有用的。」因此，他教導奶媽說：「你要我救你，又有希望幫得上忙，等皇帝下命令要辦你的時候，叫人把你拉下去你被牽走的時候，什麼都不要說，皇帝要你滾只好滾了，但你走兩步，就回頭看看皇帝，走兩步，又回頭看看皇帝，千萬不可要求說：『皇帝！我是你的奶媽，請原諒我吧！』否則，你的頭將會落地。你什麼都不要講，餵皇帝吃奶的事更不要提。或許還有萬分之一的希望，可以保全你。」

東方朔對奶媽這樣吩咐，不久漢武帝叫來奶媽質問：「你在外面做了許多壞事，太可惡了！」於是叫左右拉下去法辦。奶媽聽了，就照著東方朔的吩咐，走一兩步就回頭看看皇帝，鼻涕眼淚直流。東方朔站在旁邊說：「你這個老太婆發什麼神經？皇帝已經長大了，還要靠你餵奶吃嗎？你就快滾吧！」東方朔這麼一講，漢武帝聽了很難過，心想自己自小在她的手中長大，現在要把她綁去砍頭或是坐牢，心裡也著實難過，又聽到東方朔這樣一罵，就想算了，免了你這一次的罪吧！以後不能再犯錯。

東方朔運用「曲則全」的說話藝術，救了漢武帝的奶媽，也免了漢武帝後來的內疚於心。

假如東方朔跑去跟漢武帝說：「皇帝！她好或不好，總是你的奶媽，免了她的罪吧！」皇帝就更會火大。也許說：奶媽又怎麼樣，奶媽就有三個頭嗎？而且關你什麼事，你為什麼替她說情？可能她的犯罪，都是你的壞主意吧！同時把你的講話傢伙也一齊砍下來，那就吃不消了。他這樣一來，一方面替皇帝發了脾氣，你老太婆神經病！如此一罵，皇帝難過了，也不需要再替她求情，皇帝自己後悔了，東方朔並沒有請皇帝放她，是皇帝自己放了她，恩惠還是出在皇帝身上。

三國時代，劉備在四川當皇帝，碰上天旱——夏天長久不下雨，為了求雨，下令不准私人家裡釀酒，因為釀酒也會浪費米糧和水。命令下達，執行命令的官吏，在執法上就發生偏差，在老百姓家中搜出做酒的器具，也要處罰。老百姓雖然沒有釀酒，而且只搜出以前用過的一些做酒工具，怎麼可以算是犯法？但是執行的壞官吏，有機會就花樣百出，不僅可以邀功求賞，而且可以藉故向老百姓敲詐勒索。報上去說：某人家中，搜到釀酒的工具，必須要加以處罰，輕則罰金，重則坐牢。

雖然劉備的命令，並沒有說搜到釀酒的工具要處罰，可是天高皇帝遠，老百姓有苦無處訴，弄得民怨四起，可能會釀出禍害。簡雍是劉備的妻舅，有一天，簡雍與劉備一起出遊，順便視察，兩人同坐在一輛車子上，正向前走，簡雍一眼看到前面有一個男人與一個女人在一起走路，機會來了，他就對劉備說：「這兩個人，準備姦淫，應該把他們捉起來，以姦淫罪法辦。」劉備說：「你怎麼知道他們兩人欲行姦淫？又沒有證據，怎麼可以隨便法辦？」簡雍說：「他們兩人身上，都有姦淫的工具！」劉備聽了哈哈大笑，然後說：「我懂了，快把那些有釀酒器具的人放了吧！」這又是「曲則全」的一幕鬧劇。

當一個人發怒的時候，所謂「怒不可遏，惡不可長」。尤其是古代帝王專制政體的時代，皇上一發脾氣，想要把他的脾氣堵住，那就糟了，他的脾氣反而發得更大，不能堵的，只能順其勢——「曲則全」——轉個彎，把他化掉就可以。

春秋時期的齊景公，也是歷史上的一位明主。他擁有歷史上第一流政治家晏子——晏嬰當宰相。當時，有一個人得罪齊景公，齊景公於是大發脾氣，抓起來綁在殿下，要把這個人一節節的砍掉。古代的「肢解」，是手腳四肢和頭腦胴體一節節的分開，非常殘酷。同時，齊景公還下命令，誰都不可以諫阻這件事，如果有人要諫阻，就要同樣的肢解。

皇帝所講的話，就是法律。晏子聽了以後，把袖子一捲，裝得很凶的模樣，拿起刀來，把那個人的頭髮揪住，一邊在鞋底下磨刀，做出一付要親自動手殺掉此人為皇帝洩怒的模樣。然後慢慢地仰起頭，向坐在上面發脾氣的景公問：「報告皇上，我看了半天，很難下手，好像歷史上記載堯、舜、禹、湯、文王等這些明王聖主，在肢解殺人時，沒有說明應該先砍哪個部分才對？請問皇上，對此人應該先從哪裡砍起才可以做到像堯舜一樣地殺得好？」齊景公聽了晏子的話，立刻警覺，自己如果要做一個明王聖主，又怎麼可以用此殘酷的方法殺人，所以對晏子說：「好了！放掉他，我錯了！」這又是「曲則全」的另一章。

晏子當時為什麼不跪下來求情說：「皐上！這個人做的事對國家大計沒有關係，只是犯了一點小罪，使萬歲爺生氣，這不是公罪，私罪只打二百下屁股就可以，何必殺他？」如果晏子是這樣地為他求情，那就糟了，可能火上加油，此人非死不可。他為什麼搶先拿刀，要親自充當劊子手的模樣？因為怕景公左右有些莫明其妙的人，聽到主上要殺人，拿起刀來就砍，這個人就沒命了。他身為大臣，搶先一步，把刀拿著，頭髮揪著，表演了半天，然後回頭問皇上，從前那些聖明皇帝要殺人，先從哪個部位下手？意思就是說，你怎麼會是這樣的君主，會下這樣的命令？但是他當時不能那樣直諫，直話直說，反而使景公顏面盡失，弄得更糟。老子「曲則全」的諫勸藝術就是如此高妙！

大音希聲

【語譯】

最高的樂聲聽不到。

【原文釋評】

老子哲學的最高原則是「道」，老子不止一次地說，「道」是寂靜無聲的，聽不見的，並由此肯定沉默的價值。

說話多了人就會智窮辭窮，不如守住心中想法不說。有時候什麼也不說更有力量，因為沉默時讓人覺得充滿暗示。

維根斯坦說：「**凡是可以說的，就可以明白地說；凡是不可以說的，就必須沉默。**」沉默豐富我們的言說——既豐富我們言說的內容，又豐富我們言說的技巧。

在《紅樓夢》中，林黛玉離開賈府回老家揚州弔父，再回賈府時，寶玉與黛玉一見面，彼此無多話，只是人哭我哭，彼此問候而已，完全是沉默。寶玉與黛玉這次見面為什麼會如此沉默？因為別後重逢他們要說的話太多了，所以乾脆什麼也不說。沉默在此成全他們的情意，如果任何一方涉及敏感話題都只會打破完美。寶黛二人冰雪聰明，當然是什麼也沒說。

老子指出：「多言數窮」，實際上提出三個命題：一就是「**多言數窮**」，指話說多了會智窮辭窮；二就是「**少言數中**」，指適當說話可以應付自如；三就是「**不言數豐**」，指不說話會覺得說了很多。

顯然老子是側重於第三點。當他說「多言數窮」的同時，也就是在說「無言數豐」。

老子主張「無為」，所以也主張「無言」。「無言」不是什麼也不說，而是「我正在說」。之所以「無言」看起來沒有話，是讓話在肚子裡自己與自己對話，或借助身體語言暗示。「沒有話」時，人全身都在說話，眼神、嘴唇，甚至拿杯子的動作，走路的姿勢全都在作明確的言說。粗心的人一見別人不說話就悶，細心的人會從對方的無言中解讀對方的語言、態度、觀點與暗示、指示。《西遊記》中，菩提祖師手持戒尺在孫悟空頭上打三下，孫悟空就明白是讓他三更時分進去傳道。現在我們像孫悟空一樣玲瓏剔透還很難，但我們至少應該懂得別人不說話是什麼意思。

「多言數窮」，就是話說多了會讓自己智窮辭窮。我們經常看到一些人喜歡喋喋不休，實際上他自己也知道沒有效果，所說的不會實現。所以當有人特別多話時，可以讓他說個夠，以冷場來對付他。這種人只要你一開口他就來勁，說天說地，不知所云，讓人頭暈。這個時候，我們可以強行打斷他，逼問他「你究竟在說什麼？」或是直接說：「你能否把你的觀點一句話說清楚？」或是沉默，甚至離去，讓他自己無趣，閉上臭嘴。你看，多言的人多討厭，我們自己千萬不要做這種讓人討厭的人。

【經典案例】

有一個饒舌者在亞里斯多德面前喋喋不休地談論，然後問亞里斯多德是否煩得要死。亞里斯多德回答：「不是那麼一回事，因為我根本就沒有聽你在說什麼。」

在另一種情況下，在必須徹底表達自己全部意思的時候，我們就必須多說、說透，諸葛亮「舌戰群儒」，應對那麼多人的詰難，話不多是不行的。當然，話多的前提是話的精闢。

老子指出「多言數窮」，並不是讓人不說話，而是要人在不應該說的時候可以不說或少說，這樣才可以在應該說的時候盡興地說。「少言數中」，就是少說話可以從容應對。

很多人平時沉默寡言，關鍵時候不說則已，說則語驚四座，產生關鍵作用，這是值得肯定的行為。東晉畫聖顧愷之有一句名言：**「一像之明昧，不若悟對之通神也。」**意思是畫一幅畫無論好壞，都不如說話應對有意思。「悟對通神」，這個詞具體地說明人在說話時可以透過當下領悟獲得「通神」般的快感。

古希臘演說家安提豐有一個有趣的規矩，他與一般人說話一律收費，可見他的話多麼金貴！蘇格拉底認為智者的智慧不能用錢衡量，安提豐說：「你不向與你交往的人索取報酬，你是正義的。但是，每一件衣服或每一所房子都是值錢的，不能白送。如果你的談話有價值，一定會要求別人付以適當的代價。」安提豐作為古希臘最著名、最成功的演說家之一，平時卻非常寡言，用別人喋喋不休的時間去思考。這樣一來，他與喋喋不休的人辯論起來就會遊刃有餘，擊中要害，進而獲勝。

「無言數豐」，就是沉默讓人豐富。

王陽明在《傳習錄》中指出很多人實際上是「辭章之富，適以飾其偽也」。也就是說，話多的人多虛偽，話越多越虛偽。一個花花公子騙小女孩的通常手段就是誇誇其談，能從天上談到地下，好像無所不知、無所不能。如果把花花公子的話錄下來給這個小女孩在十年後聽一遍，這位小女孩一定會驚跳起來：

「他說的全是假的！」大呼上當不已。

《易經》上說：「同心之言，其臭如蘭。」想要讓人覺得話中有清芳，就必須像蘭花一樣默默開放。蘭花默默開放，所以很香。沉默的人默默對視，所以很傳神。沉默是金，無言是水。老子說「多言數窮」，同時也在說「無言數豐」。人在不說話時最豐富。

老子還說：「知者弗言，言者弗知。」就是說知道的人不說話，說話的人不知道。人們在說話時往往只知道自己在說話，而不知道說什麼。所以，想要知道自己說什麼，最好不要說話。

荀子也說過：「言而當知也，默而當知也。」即由發言而論及核心，可謂「知」；保持靜默同樣能達到核心的，也可以稱得上「知」。他所要表達的意思是，無論雄辯或沉默均是相同的。有時候，無須開口說話，利用表情、眼神、舉止、態度，也可以充分地表達意念而接觸到核心。

現實社會複雜多變，有時候不開口比開口更有效，所謂知者不盡言，即「沉默是金」，利用沉默的效果，往往會產生令人意想不到的效果。正所謂「此時無聲勝有聲」。在日常生活中，在適當的時候保持沉默，能產生諸多方面的良好效果。

有時候，「適時沉默」可以讓你避免自食其言，以及由此引起的不愉快。一個朋友就因為缺乏「適時沉默」而嘗到自食其言的苦果。朋友的朋友邀請吃午飯，主人做了馬鈴薯肉凍，朋友很討厭這種東西，但是出於禮貌他說：「你做的馬鈴薯肉凍真好吃！」主人聽後自然很高興，並牢牢記住這句話。在以後的十五年裡，每次到那個朋友家裡做客，主人總要用馬鈴薯肉凍來招待他。

「適時沉默」是一種策略。有時候有意的沉默，即使是一會兒，所取得的效果令人驚訝。朋友回憶起有一次他到一家商店退一件聖誕節前買的禮物。當時，商店裡的客人很多，朋友要求退貨時，一位忙於應付的店員說他買的東西不能退，並離開他到別的顧客那裡，於是朋友把禮物放在收銀機旁等著。十分鐘後，那位店員回來了，朋友朝店員笑了笑，但沒有開口。那位店員在收銀機前忙了幾分鐘後，沒說一句話就拿起朋友的禮物到櫃檯後面，回來時退錢給朋友。朋友有禮貌的沉默，使他辦成他想辦的事情。如果與店員吵鬧，結果會適得其反。

總之，「適時沉默」和語言一樣具有表達能力，很好地掌握並利用它，就可以達到你所希望的結果。

知者不言，言者不知

【語譯】

聰明的人不誇誇其談，誇誇其談的人不聰明。

【原文釋評】

老子認為，誇誇其談的人不是聰明人，因為誇誇其談往往顯示出自己的淺薄無知，更重要的還會招惹禍端。舌頭是人之利器，也是人之禍害。佛教《大方便佛報恩經》云：「一切眾生，禍從口出，夫口舌者，毀身之斧，滅身之禍……人生世間，禍從口出，當護於口，甚於猛火。猛火熾燃，能燒一世，惡口熾燃，燒無數世。猛火熾燃，燒世間財，惡口熾燃，燒聖七財。」人不論輩分，也不論大小，都是離不開與別人溝通的，而與別人溝通最方便，最直接的方法就是說話。如果在說話之前，未經考慮就口無遮攔，想說什麼就說什麼，大則誤國誤民，小則誤人誤事。如果事實既成，再欲圖補救，只怕也是悔之晚矣！

無論你是吃硬飯還是吃軟飯，舌頭可以幫你也可以害你。所以，管不好自己的舌頭，就要面臨禍從口出的災難！有些人心裡藏不住話，聽到什麼，看到什麼就愛四處傳播，這是一個很大的缺點，中國有一句俗話「病從口入，禍從口出」，許多是非往往是我們多嘴多舌造成的。當然，人長了嘴巴就是要說話的，但是說話一定要看場合和時機。如果說話不看場合，不講究方式方法，不分責任，不考慮結果，往往容易惹出是非和麻煩。特別是年輕人，社會閱歷少，經驗不足，愛說敢說，如果不注意控制，就更容易因話惹禍。這個時候，不管你是有心還是無心，長期下去，最終害了你自己。

口無遮攔和撒潑耍賴不要太多，一次兩次就可以說明：你的生活觀是消極的，你的精神是頹廢的，你的意志是薄弱的。如果你不管好自己的那張嘴，誓與「快嘴」結下不解之緣，你將註定永遠只能和「不滿」二字和令人討厭為伴！

不負責任的背後瞎說，毫無根據的懷疑猜測，不經調查的輕信亂傳，東拉西扯的閒言雜語，都會給許多人造成痛苦和煩惱，給人世間增添許多是非和不幸。當然給別人帶來不幸的同時，往往最終自己也受到惡報。

「害人的舌頭比魔鬼還厲害……上帝仁慈為懷，特地在舌頭外面築起一排牙齒，兩片嘴唇，好讓人們在開口講話之前多加考慮。」意思是說，我們在說話之前要多加考慮，要負責任，不能出口傷人，損害別人。其實，言為心聲，語言受思想支配，反映一個人的品德。不負責任，胡說八道，造謠中傷，搬弄是非，都是不道德的。能管住自己的舌頭就是做人最大的成功之一。

【經典案例】

楊修是曹操的主簿，他在《三國演義》中，是很有名的思考敏捷的官員和敢於冒犯曹操的才子。

劉備親自攻打漢中，驚動許昌，曹操也率領四十萬大軍迎戰，曹劉兩軍在漢水一帶對峙。曹操屯兵日久，進退兩難，適逢廚師端來雞湯。見碗底有雞肋，有感於懷，正沉吟間，夏侯淳入帳稟請夜間號令。曹操隨口說：「雞肋！雞肋！」人們就把這句話作為號令傳出去。行軍主簿楊修聽到以後，即令隨行軍士收拾行裝，準備歸程。眾將大驚，請楊修至帳中細問。楊修解釋：「雞肋者，食之無味，棄之可惜。今進不能勝，退恐人笑，在此無益，來日魏王必班師矣。」營中諸將紛紛打點行李。曹操知道以後，怒斥楊修造謠惑眾，擾亂軍心，就把楊修斬了。

後人有詩感嘆楊修，其中有兩句是：「身死因才誤，非關欲退兵。」切中楊修之要害。

曹操曾經造成花園一所，他去觀看時，不置褒貶，只取筆在門上寫一「活」字。楊修說：「門內添活字，乃闊字也，丞相嫌園門闊矣。」於是翻修。曹操再看以後很高興，但當知是楊修析其義後，開始忌恨楊修。

又有一日，塞北送來酥餅一盒，曹操寫「一合酥」三字於盒上，放在桌上。楊修入內看見，竟然取來與眾人分食。曹操問他為何這樣？楊修回答，你寫「一人一口酥」，我們豈敢違背你的命令？曹操雖然笑了，內心卻十分厭惡。

曹操害怕別人暗殺他，經常吩咐手下的人，他經常做殺人的夢，他睡著的時候不要靠近他。某日他睡午覺，把被子踢落地上，一個近侍慌忙拾起給他蓋上。曹操躍身而起，拔劍殺了近侍。大家告訴他實情，他痛哭一場，命厚葬之。因此，眾人都以為曹操夢中殺人，只有楊修知道曹操的心思，於是一語道破。凡此種種，皆是楊修的聰明犯了曹操的大忌。楊修之死，歸咎於他的聰明才智。

楊修之死給我們留下重要的啟示。第一，才不可露盡。楊修是絕頂聰明的人，也算爽快，而且才華橫

溢，其才蓋主，這就犯了曹操的大忌。有些將帥帝王是不喜歡別人勝過自己的。例如，乾隆皇帝好賣弄才情，好寫詩，寫過數萬首詩。他上朝時經常出些辭、聯考問大臣。大臣們都很聰明，雖然知道那是很淺的學問或狗屁不通的對聯，也不說破，故意苦思冥想，並且求皇帝開恩「再思三日」。這意思無非是讓乾隆自己說。果然喜滋滋的皇帝說了出來，於是大臣一片讚歎之聲，把皇帝弄得樂不可支。楊修犯的正是這個禁忌，你隨時出盡風頭，曹操還可以英明嗎？這不是叫人讚揚你而冷落主人？這是他必死的原因之一。第二，話不要說破。例如雞肋，曹操正苦思於此，不知道如何解脫，你捅穿這層薄紙，就是羞辱他。這是楊修死因之二。

我們在日常工作中，不難發現以下問題：有一些事情，所有人已經想到、認識到，卻無一人當眾說出來。這些人並非傻子，而是都學精了。人所共知而不言，言者是大傻也。有一句老話叫：「槍打出頭鳥。」話你爭著說，必定犯大忌，或說中別人之痛處，這樣你就會倒楣。

楊修是歷史的一面鏡子。他的死殊為可惜，可是他的死確實使後人清醒。

總之，袒露之心如一封攤開在眾人面前的信，會使你受人擺布。對人交心是危險的，因為你有讓人控制的把柄，會成為任人驅使的奴隸而不能自主。

第七章：豐富多元的學習方法

教育要培養全面發展而和諧的人，要根據受教育者的成長規律和個性特徵因時因材施教。善於學習，博採眾長並且可以融會貫通，我們就可以博大淵深。

天之道，其猶張弓與！高者抑之，下者舉之；有餘者損之，不足者補之。

【語譯】

自然的規律就如同拉上弓弦！高了時就壓低些，低了時就抬高些；多餘時就減少些，不夠時就補足些。

【原文釋評】

老子認為，應該損有餘補不足使事物達到一種和諧平衡的狀態，這對改進現在的教育思想很有啟發。偉大的科學家愛因斯坦曾經說：「學校的目標始終應該是：年輕人在離開學校時，是作為一個和諧的人，而不是作為一個專家。」這不僅要求個人均衡協調地發展，更要求每個人都成為社會中和諧的一分子，遵循社會的規則，與周圍的人和睦相處，在社會分工中扮演好自己的角色、處理好社會中的各種關係，這些都是對於一個人最基本的要求，也是社會和諧的基礎。一個孩子在成長的過程中，想要成為一個身心健全的人，就需要學習各方面的知識和技能，拓寬視野和胸懷。這不僅需要學好課堂的書本知識，還應該根據自己的興趣大量攝取課外的知識。一些知識不僅要向書本學習，可能還要向身邊的人學，向大自然學，甚至有些是在玩耍中學習；一些知識可能只有在社會課堂的實踐中才可以領悟到。同時，在這些知識的學習中，不僅要獲取學習的能力，還要有動手、實踐的能力，獨立思考、處理問題等能力。多方面知識的獲得和能力的培養，是使孩子身心健康成長所必需的。

兩千多年前，孔子就提出「仁」的哲學概念，希望天下歸仁、共用太平，「仁」就是仁愛、善良。戰國時期的哲學家、教育家孟子說：「惻隱之心，仁之端也；善惡之心，義之端也；辭讓之心，禮之端也；是非之心，智之端也。」馬克思曾經說：「那些為大多數人帶來幸福的人是最幸福的人。」如果我們的教育可以使這些理念從小根深蒂固地扎根在孩子們心裡，使他們懂得同情弱者，識別善惡，文明禮讓，明辨是非，才可以遠離那些噩夢般的慘劇，在使別人幸福的過程中，自己也得到幸福。

愛因斯坦說：「我每天上百次地提醒自己：我的精神生活和物質生活都依靠著別人（包括生者和死者）的勞動，我必須盡力以同樣的分量來報償我所領受的和至今還在領受的東西。」正如雨果在他的名著《悲慘世界》裡的一句名言：「幸福的人希望大家都幸福。」從這些話語中，我們都可以感受到一顆感恩的心，如果我們的孩子都可以用這樣的心去對待他人和社會，這個社會才可能更加美好、和諧。

如果傳授文化知識給孩子是必須的，教育一個孩子如何做一個人更是必不可少，並且更加不容易，因為沒有現成的教材，沒有固定的老師，不能速成，也無法經由考試來檢驗。因此，不管是前人還是現在的教育界，都在不斷地探討和思考如何透過德育進行做人的教育，塑造美好的心靈。老子、孔子、孟子都對人的修身提出很多建議。中國明朝的科學家、思想家徐光啟，既是一名鑽研中國文化的學者，又積極學習西方的科學技術。他曾經宣導「孔孟之道與天主教的融合」，用來教化中國人的良好願望和哲學思想。另一位中國近代的教育家和美學家蔡元培則認為，應該以美育教育來代替宗教對人的教化作用，他說：「美育是自由的，宗教是強制的；美育是進步的，宗教是保守的；美育是普及的，宗教是有界的。」雖然這些人的看法有所不同，但同樣的目的都是希望使人們受到道德品格的教育，使心中有一個做人的正確準則。使人懂得規矩，知道方圓，遵紀守法，不自私、不狹隘、識大體，做一個善良而誠信、平等而博愛的人。

只有和諧的人們聚集在一起，才可能構成一個和諧的社會。

物或行或隨，或歔或吹，或強或羸，或載或隳

【語譯】

世間萬物，有些前行有些後隨，有些氣緩有些氣急，有些強大有些羸弱，有些承載有些顛覆。

【原文釋評】

老子認為，物性不同，要允許差異性和特殊性的存在和發展，不可強行一致，所以我們要提倡個性化的教育。

植物成長是有規律的，人的成長同樣存在許多規律和潛在規則，教育者如果瞭解和掌握這些成長的規律、懂得教育的規則，就可以抓住時機給予孩子適當的指導。例如：從孩子剛出生開始，就在他們運動、認知以及語言的關鍵期，給予他們本階段所需要的幫助，就可能達到事半功倍的效果。如果對孩子的叛逆時期及青春期有所瞭解，就會有所準備地對待叛逆心理和其他可能出現的各種心理問題，進而少走彎路。

教育都應該在孩子喜歡和不知不覺中進行的，任何強加於人的熱切和操之過急，往往容易引起孩子的反感，損傷孩子的興趣，反而欲速而不達。一些家長在孩子學習專長的問題上表現尤為明顯，有些家庭一有孩子就購置鋼琴，請來家教，一廂情願地為下一代規劃出今後的道路，但沒有耐心地引導他的興趣，而只是給孩子提出各種的要求，這樣的學習往往收效甚微甚至最後適得其反。畢竟每個孩子都有自己的特點

和興趣所在，不能千篇一律地要求。

蘇霍姆林斯基把「盡可能深入地瞭解每個孩子的精神世界」當作「教師和校長的首條金科玉律」。所以，家長的期望無論多麼美好，理由多麼充分，終究無法代替孩子們自己的選擇，千萬不要固執地將自己的願望強加到孩子身上。俗話說：「強摘的瓜不甜。」只有因勢利導，根據孩子獨有的特點、個性和喜好，細心地體會和深入地瞭解他們的需求和願望，才可以最大限度地挖掘出他們的潛能。

孩子們在似懂非懂之中，受到的啟迪和感悟各不相同。同樣講述安徒生童話，有些孩子喜歡它的語言，有些孩子喜歡它的情節，有些孩子喜歡它的人物，有些孩子喜歡它表現出的道理。所以，孩子們接受教育的能力也各有側重。同樣一個人在性格和智力等方面也會有很多差異和區別，有些人這個方面強，有些人那個方面強；有些人成熟得早，有些人成熟得晚；有些人邏輯思維好，有些人具體思維好；有些人擅長用腦，有些人擅長動手……所以，如果以人為的方法、進度、要求來規範每個孩子，恐怕難以擺脫僵化的思維模式。就像不同的花草一樣，有些喜濕有些喜乾，有些喜陰有些喜陽，只有根據不同孩子的特質因材施教，才可以滿足個性化發展的需求，而使孩子們都可以更加健康地成長。

教育的目的是讓每個人都盡其所能，如果孩子對課業沒有興趣，很大程度上是因為老師和家長沒有找到孩子的興趣所在，沒有對症下藥。所以，有人把教育比做一門精細的醫術，唯有高明的醫生才可以找到病人不同的病因，並給予有效的治療。蘇霍姆林斯基有一句話很耐人尋味：「教育首先在於培養、磨練一個人成為受教育者的能力。」他又強調：「**注意每個人，關懷每個學生，並以關切而又深思熟慮的謹慎態度對待每個孩子的優缺點——這是教育過程的根本之根本。**」哲人說每一棵樹上都有無數片葉子，但摘下來比較，卻沒有兩片樹葉是完全相同的。從這個意義上說，每個孩子都是獨一無二的。

所以，教育既要有普遍性也要有針對性。普及教育是基礎，知識無差別的灌輸是必要的，而有針對性的、因人而異的教育，可以挖掘出不同人特有的潛質，是教育的高級階段，它能真實地反映出教育者的職業精神和教育水準。

現代多元化的社會需要多元化的人才，這就要求在我們的教育中的評判標準也是多元化的，教育不應該使學生成為一個模子刻出來的木偶，而是應該各有所長，風格各異。學習文化知識、奠定一個良好的文化基礎，固然是必要和值得鼓勵的。但是，讀書不應該成為通往成功的獨木橋，在成功的路上，應該是條條道路通羅馬。

因為身體素質、智力因素、家庭背景等天生的條件各不相同，人從一出生開始，就站在不同的起跑線上。但由於驕傲、浮躁等等原因，最終並不一定是那些身體健壯、精力充沛、各方面條件好的人就一定更加出色。相反的，一些條件不好的人往往能踏實地做出成績。明朝的李贄早就說過：**「天生一人，自有一人之用。」**

一部交響曲，要有各種不同樂器配合，才可以奏出優美的樂章。一個社會，也是由不同類型的人組合而成，只要不是不勞而獲的寄生蟲，就不是無用之人，每個人都會有自己獨特的優勢。無法做頂樑柱的木材還可以做精巧的傢俱，也可以充分展現出它的價值。在實踐中，當我們面對理想，當我們向困難挑戰，當我們抉擇進退、取捨時，需要的往往不僅僅是能力，更需要前進的勇氣和自信。只有因人而異的個性化的教育方法，才可以發掘每個孩子的特點和與眾不同的潛能，樹立起他們的信心；只有多元化的衡量標準，才可以建立更加豐富多彩的成功模式，開闢出更多的可行之路，才可以「不拘一格降人才」。

不出戶，知天下；不窺牖，見天道

【語譯】

不走出門，就可以推知天下的事理；不窺望窗外，就可以瞭解自然界的運行規律。

【原文釋評】

過去視老子學說為神秘主義和唯心主義，所以認為「不出於戶，以知天下；不窺於牖，以知天道」是在講有特異功能的人。我們往往喜歡把簡單的問題複雜化，其實老子的這句話譯成俗語就是「秀才不出門，能知天下事。」用哲學術語來說就是——「間接經驗也是認識的重要來源。」

「秀才不出門，能知天下事。」說的是有科學知識的人，對於沒有親身經歷的某些事件，也可以清楚地知道它們的原委。古代三國時期，諸葛亮在隆中耕田，就知將來的三分天下；一個將軍運籌於帷幄之中，卻決勝於千里之外。即使我們沒有到過其他的國家，卻也瞭解一些國外的風土人情。我們怎樣去認識這些問題，解釋這些現象？

我們知道，認識來自於實踐，人們的認識是在實踐的基礎上產生的。人們在改造客觀世界的過程中，一方面透過自己的感官（眼、耳、鼻、舌、身）去接觸客觀世界，使客觀事物反映到自己頭腦中；另一方面，又不斷透過實踐促進事物內部發生變化，加速客觀事物的暴露過程，進而加深對事物本質和規律性的認識。總之，認識是從實踐中得到的。即使是某些難以進入的領域，例如：遙遠的天體、深部的地層，人們不可能直接去接觸，也可以透過各種儀器和探測方法去進行觀察和分析。因此，不經過對某個領域的實踐活動，對於這個領域的認識是不可能得到的。只有實踐才是認識的來源。

是不是我們所有的認識都必須經過自己親身的實踐活動，而別無其他的途徑？也就是說，想要瞭解天文學的某些知識，是不是必須親自去觀察天象；想要知道戰爭學的理論，是不是必須親自去打仗；想要學習世界地理，是不是必須親自去周遊列國。如果是這樣，就會遇到許多無法解決的困難。我們知道，一個人的生命是有限的，在一個人的有生之年想要每件事情都去直接經驗和親身經歷，本領再大的人也不會取得什麼成就，而且每個人都去進行自己的實踐而不能學習前人的經驗，整個人類的認識就無法發展。

所以，任何一個人的知識，除了親身經歷的那一部分以外，更大的一部分則是經由書本和語言交流或其他途徑，得到前人或其他人的認識成果，這就是直接經驗與間接經驗的問題。直接經驗是經由親身實踐得到的知識，間接經驗是透過某種途徑得到的知識。我們說秀才不出門能知天下事，也就是講他可以透過某種途徑得到一些來自間接經驗的知識。這種間接經驗雖然自己沒有經過實踐，但在他人卻是直接經驗。所以一個人獲得知識用不著每件事情都去親自經歷，他透過某種途徑得到的間接經驗，也會讓他變得博學多識。

人法地，地法天

【語譯】

人效法地，地效法天。

【原文釋評】

老子認為水具有許多美德，他說「上善若水」。在論述反常的現象不能長久時，他說「飄風不終朝，驟雨不終日」；他甚至更明白地說人應該取法於天地。可見老子的很多智慧都直接來自大自然的啟發，他告訴我們應該從大自然中學習。

有一位醫生，他的醫術極佳，看病診斷都是一流的，但是他恃才自傲，目中無人，見人沒有笑容，冷若冰霜。有一次，這位醫生去了九寨溝，回來之後，他像變了一個人似的，親切許多。九寨溝的自然山水非常美麗，山清水秀，風光怡人。面對大自然的偉大、壯麗和可愛，這位醫生突然感到自己的渺小。自然界給了他教育，他開始敬畏大自然，感覺自己實在沒有值得驕傲自滿的地方，所以他調整自己。後來，這位醫生對待病人像親人一樣，平等而謙虛。

當你被喧囂的城市所圍繞，讓你被紛繁複雜的人際關係所困擾，當你覺得已被生活所拋棄時，不要忘記還有一樣東西是永遠不會拋棄你的，那就是大自然。大自然是所有人的精神家園，它敞開胸懷，把日月星辰，把美麗的山水風景，把迷人的花草樹木和各種神奇的飛禽走獸無私地獻給我們人類。不管大自然以何種方式呈現，它提供一個更為廣闊、更為奇妙的世界給我們。我們在與大自然接觸的過程中，會使我們自身變得更加充實、更加豐富。

印度著名的哲學家奧修說過：「當你看著一朵花，一朵玫瑰花的時候，你感到快樂，你的快樂是玫瑰花創造的。當你快樂的時候，玫瑰花也感到快樂。它依賴著你，它等著你來。如果你不來，它就像一個愛人似的感到難過……如果你愛玫瑰花叢，它就會長得更快，它就會開出更大的花來，因為有人在關心它，有人在看它。有人在等著它，它怎麼可能辜負你？」我們愛著大自然，大自然也就會愛著我們，為我們呈現出它最美的一面。生命的整體是互相依存的，每一樣東西都依賴於其他一樣東西。

親近大自然，熱愛大自然，你會變得更加健康，也會更加快樂，同時你也會從大自然中學到許多寶貴的知識。法國著名的小說家威爾・桑說：「我有時候逃開自我，儼然變成一棵植物，我覺得自己是草木、是飛鳥、是樹頂、是浮雲、是流水、是天地相接的那一條黃線；覺得自己是這種顏色或那種形體，瞬息萬變，來去無礙。我時而走，時而飛，時而潛，時而露。我向著太陽開花或棲在葉背上安眠；雲雀飛時我也飛翔，蜥蜴跳時我也跳躍，螢火蟲和星光閃耀時我也閃耀。總而言之，我所棲息的天地彷彿是由我自己延伸出來的。」這種與大自然融為一體的心胸是何等的空靈，又是何等的舒心。

事實上，人類是屬於大自然的一部分，每個人都來自於大自然。在人還沒有成為人之前，人就是動物，和其他物種沒有什麼差別。但是在人類進化的過程中，人有一顆比其他物種聰明一點兒的大腦，人類開始懂得學習。起初，沒有任何經驗或教訓，人一直都是從大自然中學習，在與惡劣的生存環境做鬥爭的過程中逐漸成長。人類的進步是從大自然學習的結果，從大自然身上，人們取得生命繼續所需的各種滋養。人類是永遠不能獨立於大自然之外而存在的，任何人都無法離開大自然。即使科學技術再發達，人類還是以大自然為基礎的。

當你疲憊時，當你煩惱時，走出空氣汙濁的房間，走到大自然中，放鬆心情，體會大自然帶給你的智慧啟迪。幸福與健康屬於那些接近自然的人們，成功屬於那些善於從自然中學習的人們。

江海所以能為百谷王者，以其善下之，故能為百谷王

【語譯】

江海可以匯集一切溪流而成為百谷之王，是因為它善於處在溪谷的下游，因此可以匯聚溪流而成為百谷之王。

【原文釋評】

老子認為，想要如同江海般博大，就必須博採眾長並融會貫通，這樣會使我們的學問達到一個新的高度，我們的人生也更加豐富充盈。

無論什麼樣的知識到什麼時候都是有用的，我們一定要多多地累積知識，多學幾種技能並且可以熟練地掌握應用。學得太單一很容易變成匠人，我們要學會全面整體地學習。學習如果分工分得這樣細緻，豈不是成為在工廠的生產線上製作產品，你只負責做很小範圍的一個工作，連自己也快成為機器的一部分。

現代的大工業生產可以是這樣，也許在一些尖端的科學領域的研究也需要如此，但是在其他領域卻有所不同，例如：藝術創作。在藝術上如果沒有一個寬廣的視野，就難以展示不同的藝術風格。例如：古典樂派只是西洋音樂發展中的一個時期，如果不能學好它之前的巴洛克時期以及它之後的浪漫派時期的作品，就無從更深刻地認知它，無從更清楚地區分它們不同的風格，也就談不上更準確而生動地表現這些作

曲家的作品。

【經典案例】

歷史上善於博採眾長並融會貫通的多才多藝者的例子也不勝枚舉，用現在的話說就是「複合型人才」。在梵蒂岡的西斯廷教堂參觀時，大家無不為《創世紀》和《最後的審判》兩幅巨畫所折服，它們都是出自於世界上最優秀的雕塑家米開朗基羅之手，他的代表作《大衛》、《摩西》都是人類雕塑史上的顛峰之作，同時他還是一位偉大的建築家和詩人。他將融會貫通的繪畫技藝施展於那超凡脫俗的創意和構思中，四百多年來深深地打動每一位觀眾。

再來看義大利文藝復興時期的另一位傑出人物李奧那多・達文西，很多人都知道他是一位優秀的畫家，殊不知，他傑出的繪畫才能只是他的一個「小小的愛好」。不朽的《最後的晚餐》、《蒙娜麗莎》僅僅是達文西才藝的冰山一角。他首先是一位軍事城防工程學家，其次是水利工程師，在五百多年前沒有電的情況下，設計出水渠，讓水流到每個需要用水的地區，這在當時絕非一件易事；他還是位機械發明家，畫過飛機設計圖，現代飛機螺旋槳就是在他所設計的製造原理基礎上發明的，同時他還是數學家、天文學家、解剖學家、建築師和工程師。

有時候他賦閒在家，為了謀生他向貴族推薦自己，希望得到一份工作，在他求職書的最後寫下：「如果有閒暇時間，我還可以為夫人和小姐們雕刻和繪製她們的肖像，相信她們會喜歡……」確實會喜歡，何止被畫的夫人和小姐喜歡，全世界的人都會喜歡！作為文藝復興時期一位最偉大的學者，他將人文主義思想與科學精神高度結合，由於尊重和不斷地探詢事物的客觀規律，他對一切事物都具有獨到的真知灼見。

他認為：「理論好比是統帥，執行則是百萬士兵。」他說，一個人如果喜歡沒有理論的實踐，就像水手上了一條沒有舵和羅盤的船，永遠不知道駛向何方。他涉獵的領域五花八門，但門門有創新，有成就，所以有人說他是博物學家，是掌握一通百通規律的哲學家。他打破學科的界限，是既善於具體思維又善於抽象思維的典範，是人腦潛力挖掘和人類進化到極致的典範，他可能比愛因斯坦都偉大許多。

在十九世紀三、四〇年代歐洲的大鋼琴家中，尤其是基本功紮實、技藝高超的鋼琴家絕非只有蕭邦和李斯特，我們還可舉出很多人。但從思想、內涵和勇於創新的角度來說，他們兩人是最優秀的，同時他們又都是高出同代人很多的作曲家，因為他們二人都是多才多藝的音樂全才。現實中我們可以發現，專攻演唱和專攻作曲的人，在音樂的創作所做出的成績，反而還不如能兼顧兩個方面的，他花在其中一個方面的時間和精力只有前者的五〇%。原因就在於演唱和創作，兩者是相輔相成和融會貫通的關係。雖然很多單方面的專家也有成就，但是這種音樂全才對後世的影響顯然更加深遠。

一個人的精力是有限的，窮盡畢生精力，可以精通一種技藝已屬不易，像達文西這樣可以同時精通多種技藝而且都出類拔萃者，確實是鳳毛麟角。除去本身的天賦以外，恐怕掌握事物的內在規律，在知識上的融會貫通、相互借鑑、相輔相成是非常關鍵的，正是各種知識和技能之間的充分互補性，建構一個博學多才人的根基。

在當今所謂「知識爆炸」的資訊時代，除了瞭解我們自己涉獵的學科，對其他學科也應該有所瞭解，對我們是大有好處的。如果將自己封閉在一個很狹小的專業圈子裡，是難以博採眾長而達到一定高度的。

過去，一個外語專業或許只會開汽車就可以得到一份不錯的工作，而現在這樣的機會恐怕是越來越少，社會更加需要複合型的人才，需要一專多能的人才，而「多能」又往往使他的「一專」達到更精深的高度。

大器晚成

【語譯】

貴重的器物總是遲遲才可以完成。

【原文釋評】

《老子》中說：「大器晚成。」其實，這是很淺顯的道理：製造汽車和飛機之類的器具，自然要比製造自行車和手推車這些東西耗費時日。又例如：隨便搭蓋一間茅草房，可以一蹴而就，設計建造高樓大廈，非得務實其基礎和宏大其規模不可，也必須多費時日。稀世的珍品需要精雕細琢，輝煌的成就需要付出更長時間的奮鬥，這就是大器晚成的原因。

人才的成長，同樣有少年得志和大器晚成之分。提及大器晚成，人們最容易想到「姜太公八旬遇文王」、「梁灝八十二歲中狀元」的故事，這都不失為勸人稍安勿躁的說辭。

【經典案例】

「蘇老泉，二十七，始發奮，讀書籍。」這是《三字經》中的一則故事。講的就是北宋大文學家、

《六國論》的作者蘇洵青年時代的事。蘇洵年輕時，讀書不努力，糊里糊塗地混日子，直到二十七歲方有覺悟，於是發憤學習。學了一年多，自以為差不多了，就去考進士，結果沒有考中。這才使他認識到，學習並不容易，要得到成果非下苦功夫不可。

有一天，蘇洵的書房裡忽然不斷地向外冒黑煙，家人都很吃驚，不知出了什麼事，走進去一看，只見蘇洵正把一疊疊的文稿往火爐裡送。原來，他要把自己過去所有不成熟的作品全部燒掉，決心從頭開始。從此，他謝絕賓客，閉門攻讀，夜以繼日，手不釋卷。如此發憤攻讀五、六年，終於文才大進，下筆如有神，頃刻數千言。宋仁宗嘉祐年間，他帶了兒子蘇軾、蘇轍，不遠數千里，從家鄉四川來到京師開封。當時翰林學士歐陽修把他的作品二十二篇呈上朝廷，得到極高的評價。宰相韓琦見他文章寫得好，上奏皇帝，召試舍人院，蘇洵推病不願應試。後來又任命他為秘書省校書郎，這個時候他已經年過半百。

五十三歲，瑪格麗特・柴契爾成為英國第一位女首相。六十五歲，邱吉爾首次成為英國首相，開始與希特勒作劃時代的鬥爭。七十五歲，美國加州的埃德・迪拉諾用三十三天半的時間，騎自行車三千一百英里，前往麻塞諸塞州華爾塞斯特參加他的大學五十週年校慶。

生活中這樣的例子俯拾皆是。一位家庭主婦，從前沒有學過任何工業設計的知識，五十歲以後開始學習，竟然成為傑出的工業設計師。一位老先生，七十歲才進醫學院學習，成為名醫。另一位七十歲的老人進了法學院，現在已經是一名優秀的律師……所有的事例都告訴我們，大器可以晚成，成功不分先後。

多麼詳實而有力的例證！這些事實已經可以向我們說明一個問題：無論什麼年齡，你都可以成功，只要你肯把握現在。人的成長固然有著各種不可違背的規律，但是成功是不受年齡限制的。

作為年輕人，最應該做的是珍惜自己的現在，而不是抱怨自己年紀太小、缺乏機會。當然，也不能因為自己至今還沒有傑出的成果而沮喪，時間將是最好的證明。只要你努力從現在開始，抓住一切機會，任何事情都不算遲，都還來得及。

但是不管如何，畢竟光陰易逝，常人是難以忍耐寂寞的。孔子曾經有「逝者如斯夫」的感嘆，又說：「後生可畏，焉知來者之不如今也？四十、五十而無聞焉，斯亦不足畏也已。」歲月不饒人，上了年紀，體力大為衰減，更為緊要的是「無意百煉鋼，化為繞指柔」，許多當初血氣方剛、躊躇滿志的青年，遭遇幾次打擊往往變得身心憔悴，百無聊賴，銳氣一落千丈。燭之武在鄭伯面前嘆言：「臣之壯也，猶不如人，今老矣，無能為也已。」一席話，代表「老而無為」者的各種傷悲和無奈。大器晚成的人，往往要經歷許多煎熬！然而，煎熬與折磨也是一種寶貴的人生財福，也是成就我們的資本。看過世界名著《唐吉訶德》嗎？當你感慨這部不朽之作的偉大和神奇時，你是否想到它的作者塞凡提斯是五十三歲才開始著書的？他的一生坎坷曲折，負債累累，左手曾經在一場戰爭中受傷致殘，雖然多次擔任公職，但卻都是「七品芝麻官」，還被囚禁過。這個命運多舛的人還有可能成功嗎？一般人都不敢對他的後半生命運做出美好的推想。然而，他成功了！他的書立刻風靡世界，並且經久不衰，長達三百五十年之久。

春蘭秋菊，各有千秋。少年得志，固當堪羨；大器晚成，亦實可嘉。欲求大器晚成，得自家先有真本領。通俗地說，即是機會總喜歡與有準備的人結緣，只會怨天尤人無濟於事。擁有經天緯地的才能，如果置之囊中，必能脫穎而出。

第八章：面對生命的正確態度

懂得生命的珍貴，才會珍惜生命。心態積極，不違背客觀規律，自然而然，我們就會健康，就會長壽，而最好的長壽之法莫過於讓精神永存世間。

自愛不自貴

【語譯】

自愛自重但是不自居高貴。

【原文釋評】

老子認為，人雖然不能自居高貴，但是應該懂得自愛，要珍惜自己的生命。

我們幾乎每天都見到自殺的消息，而其中大學生的自殺，又使人格外受到震驚。導致學生自殺主要是來自四大壓力：情感壓力、課業壓力、經濟壓力和就業壓力。他們或因為戀愛失敗，或因為與同學發生衝突，或因為考試問題，分別走上絕路。

【經典案例】

有一個哲學教授清晨吊死在自家門前的槐樹上。這位教授的家庭生活美滿，學術研究成果出色，但是數年來在事業上逼自己太緊而影響精神狀態，最終以自殺結束自己短暫的一生。這個故事引人深思：悲劇故事的主人翁不是一般的人，而是研究哲學的高級知識份子。一個成功的哲學研究者，是能為人指引生活道路的，在面對各種問題時，他們應該比別人更睿智，更有力量。可是，這位知識淵博也有研究能力的教授，在沒有遭遇外在悲慘遭遇的情況下，卻選擇放棄生命——這種比一般人都不如的懦夫行為！為什麼這些接受過良好教育的知識份子，卻容易走上人生的絕路？這說明：我們擁有生命，卻未必擁有關於生命的智慧。

毫無疑問，意識到自己必有一死，對任何人來說，都可以震撼他的心靈。許多名人都有這樣的體驗，俄國大文學家托爾斯泰在他的《我的懺悔》中，就提到過這個念頭曾經長久折磨他。美國大作家海明威，他一生參加過無數次戰鬥，並且多次死裡逃生。然而到老年時，他卻是平生真正嚴肅地正視死亡。一位作家在給他寫的傳記中，甚至這樣描述：「他怕死怕得只想自殺！」由此可見，不管一個人何等有學問，何等能幹，何等勇敢，當他必須面對死亡這個問題時，他所受的震撼都是強烈的。

怎樣才可以做到珍惜生命？

認識到生命的可貴。人死不可復生，對於每個人而言，沒有生命，就沒有一切的基礎；放棄生命，就放棄存在的基礎！真正珍惜生命和正視生命對每個人都只有一次的人，不會因為一點小小的挫折就輕易放棄生命；也不會渾渾噩噩，無異於行屍走肉，直到生命最後一刻。不僅應該珍惜自己的生命，而且要珍惜別人的生命。

自我做主。沒有誰可以代替你來活。你餓了，你爸爸媽媽吃得再飽，可以幫助你解餓嗎？你睏了，你兄弟姐妹連睡三天，可以幫你解睏嗎？你病了，最親的人再愛你，能替代你感受病痛的煎熬嗎？你將死去，你的愛人能以他的死來代替你而長生不老嗎？……當我們在吃喝拉撒睡這樣的事上，都沒有誰可以來代替你，你怎麼可以要求在一些更重要的方面依靠別人？誰也不可能代替你自己活！因此，你必須追求自己所熱愛的東西，不盲從別人；你必須盡好人生的本分，不要把自己應該承擔的責任，讓別人去承擔。

活在「現在」。假如明天不再來臨，我們所擁有的只是今日和當下。明天，從此就不再來，所以應該及時把握和珍視此刻，踏實地過好今天和當下，這是一種要求，也是一種境界。據說有些著名的高僧大德，在晚上就寢時，會把杯子倒空，杯口朝下。因為他們不確定明天是否會醒過來，是否還用得著杯子。人生就是由一個個獨立的「現在」組成。我們誰都無法將「現在」抽離出來而只空談明天。其實，當我們一再地錯過當下，我們實際上是在錯過生命。比爾・蓋茲的生命理念是：「**人生就是一場正在焚燒的大火，一個人可以做到，也必須去做的，就是盡自己的全部力量從這場火災中搶救出點什麼來。**」正因為有這種超乎尋常的生命智慧，當他考上美國最著名的哈佛大學後仍然果斷休學創業，成為資訊時代最成功的創業典範，並幾次蟬聯世界首富。

不要害怕正視死亡，應該學會把它當成生命的導師。接觸到生死問題，才是真正確定人生觀的第一步。意識到人的局限，才可能獲得局限中的「最大」。認識到每個人都會死，就是一個人自主人生的開始，死讓我們意識到人生的短暫與寶貴，我們才可以擺脫盲目，積極地籌劃一生，學會當自己和生活的主宰。

擁有關於健康的知識。世界衛生組織總幹事中島宏博士曾經說「**許多人不是死於疾病，而是死於無知**」，「千萬不要死於愚昧，千萬不要死於無知」。所以我們說：「**最好的醫生是自己，最好的處方是知識。**」想要健康並不需要花多少錢，擁有正確的觀念非常關鍵。

國外有報導說，人的健康狀況與知識水準密切相關。受教育程度越高，其健康狀況就越好。知識水準也分兩種，一種是專業知識，一種是社會知識。一些公司的管理人員、工程師，他們的工作能力很強，專業知識豐富，可是對健康的認識幾乎等於零，對膽固醇和高血脂等名詞都沒有概念，連基本的健康常識都不瞭解，這樣的人在知識結構上存在很大缺陷。他們的健康也很容易出問題，許多人的英年早逝與知識結構的缺陷有很大關係。一個人的知識結構，應該包括社會、歷史、哲學、文學、科技等各方面。

不欲以靜，天下將自定

【語譯】

沒有過多的欲念就會平靜下來，一切都會變好。

【原文釋評】

老子認為，一個人心態好，通達樂觀，一切都會變得美好。

世界衛生組織認為，如果把健康元素按照百分比劃分，可以分為以下幾個部分：遺傳佔十五％；環境佔十七％，其中社會環境佔到一〇％，自然環境七％；接下去就是醫生佔八％；自己佔六〇％。遺傳的十五％和環境的十七％是我們無法控制的，而其中的六〇％是個人因素，我們自己可以控制。所以，健康其實就在我們自己手裡。

健康是一個所有人都關心的問題，但是大多數人對健康的真正含義還是比較模糊的。在生活中，有些人身體稍有不適就趕緊往醫院跑，不檢查出毛病不罷休，好像故意和自己過不去似的，這種人應該稱為「健康的病人」；還有一種人，雖然身體上得病，但看上去和正常人一樣，工作、課業、娛樂什麼都不耽誤，治療疾病對他而言只是一件平常事，這樣的人我們暫且稱為「帶病的健康人」。「健康的病人」可能會在鬱鬱寡歡中真的罹患疾病，而那個「帶病的健康人」則可能在快樂的生活中變成一個真正的健康人。

我們當前提到的健康教育，多數講的是吃什麼食物對身體有營養，那個水果抗癌，那個水果抗衰老，那個水果美容。實際上就是能抗癌的水果，有人每天吃也無法抗癌。如果心態不好，每天生氣，吃多少抗癌水果也無濟於事。我們往往對心靈、文化、思想關心得很少，只關心最表面的東西，忽略深層最重要的東西。我們的健康問題上存在錯誤觀念，豬肉的蛋白質含量是多少，脂肪有多少等當然重要，但更重要的心理、心靈，我們現在把最重要的給忽略了。

養生的關鍵在於自己的力量。如果自己豁達樂觀，情緒穩定，對未來充滿信心，充滿力量，你的力量將強大到你想像不到的不可估量的程度。人可以戰勝細菌、病毒、癌症……但是戰勝疾病有一個前提條件，即健康的心態。人體的抵抗力分各種不同層次，由各個系統組成，它需要一個總指揮——心理，如果這個「總指揮」樂觀向上，積極穩定，就可以調動全身所有抵抗力協同作戰，形成對疾病強大的攻擊力。如果心裡沒有信心，感到恐懼，整個「指揮部」就崩潰了。這就和打仗一樣，指揮部如果很堅定，就可以獲勝。如果連自己都不知道應該怎麼打仗，甚至覺得沒有勝利的希望，指揮部先混亂，一定會全軍覆沒。很多人體格健壯、肌肉結實，但是心理很脆弱，這樣的人不會真的健康。我們必須明白，精神樂觀、情緒穩定可以調動一個人全身各個系統的力量來對抗病魔。有人說癌症病人有三分之一是嚇死的，那是因為他的精神先垮了，這句話說得十分中肯。

【經典案例】

阿姆斯壯是美國自行車運動員，他罹患睪丸癌，後來癌細胞轉移到肺部，又轉移到腦部。這是晚期睪丸癌的症狀，醫生說他死亡的機率是九十九%，活的可能性不到一%。一般人聽到醫生這樣的結論會被徹底打垮的，可是阿姆斯壯對醫生說：「沒事，醫生你放心，我不怕。你不是說活的機率有一%嗎？我就是那一%！」阿姆斯壯的睪丸在被切除以後仍然不斷進行治療，他奇蹟般恢復健康，而且在治療期間，他還努力練車，他的自行車越練越好，他從全州冠軍成為全國冠軍到世界冠軍，獲獎無數，曾經連續七次獲得環法自行車賽世界冠軍。

一位二十六歲的法國小姐罹患子宮癌，切除子宮兩個月後，癌細胞轉移到卵巢，又趕緊把卵巢切除，可是幾個月後竟又轉移到結腸。她接連做了八次手術，全身都是刀疤。幾個療程下來，她的頭髮全掉光了。她吃不下東西，吃了也會全吐出來。她骨瘦如柴，最後徹底絕望了。她覺得上帝對她不公平，自己這麼年輕就罹患絕症，還不如死了算了！有一天，她的一個朋友來看她，驚訝地發現她好像變了一個人，完全失去原來的模樣。

她說我已經絕望了，你能告訴我怎樣才可以死得更快一些嗎？朋友勸慰她說，你千萬別死，生命非常珍貴，人生很有意義，你想一想你這一輩子讓你最高興的事情吧！姑娘想起三年前她在海濱滑水、游泳的情形。藍天白雲，微風徐徐，海鷗在海上飛翔，人與自然融為一體，那個時候感覺最快樂。於是姑娘決定和她的朋友再去體驗當時的感覺。可是這個時候她連站都站不起來，一站起來就摔倒，這是因為她臥床太久的緣故。

為了體會三年前的幸福感受，她重新練習走路，又接著練滑水。其間，她遇到一位同樣身患癌症的小伙子，他們倆互相幫助，互相鼓勵，她的滑水技巧日益精湛，她的身體也越練越好。很長一段時間後，醫院讓她去複檢。化驗結果讓醫生大吃一驚，她的一切生理指標都正常。兩年後，這個姑娘獲得世界女子滑水冠軍。

人如果有精神的力量，就會變得很強大。拿破崙有一句名言：**「在世界上只有兩種力量，一個是劍，一個是精神，歸根到底，人類的精神力量會戰勝劍的力量。」**不管是預防疾病還是治療疾病，如果我們能保持積極、樂觀的心態，並採取科學的方法，就一定能克服困難。樂觀者總是從正面的、積極的角度去看待事物，他有希望，願意努力；而悲觀者，總是從負面的、消極的角度去看待事物，這樣的人沒有希望，前途也是在灰暗的。對健康產生最關鍵作用的就是心理，說得更嚴肅一些，其實一個人的一切就取決於心態，心態一變，整個世界就會在你眼中發生徹底的改變。

以輔萬物之自然，而不敢為

【語譯】

能輔助萬物的自然生成發展，而不敢輕舉妄動。

【原文釋評】

四季更替，寒暑分明，人們在這種變化莫測的大環境中生活，為了更好地保持健康的體魄，少生病，或不生病，必須遵循自然界的規律。老子為我們總結一條基本原則，就是順應自然規律，養生首要。

人類以自己柔弱的軀體，面對威力無窮的大自然，可謂「順者昌，逆者亡」，企圖「人定勝天」還為時過早。自然界的變化讓我們體會最真切者，莫過春夏秋冬的更替，以致寒熱溫涼對人體的影響，前些日子的驕陽似火與近日的秋風送爽，人們的感受大不一樣。

中醫學在養生保健和防病治病中，強調人與自然界是統一的整體，稱「天人相應」，告誡「要順四時而適寒溫」。自然界的一切生物受四季氣候變化的影響，於是形成春生、夏長、秋收、冬藏的自然規律。一年四季的變化同樣隨時影響人體，人體的五臟六腑、四肢九竅、皮肉筋骨血脈的功能活動與季節變化息息相關。人們順應自然界養生，就可以健康少病長壽，反之則可能患病夭亡。

前人為了更好地順應自然，經常以「節氣」來指導人們衣食住行和農事勞作。至今，中醫看病還經常不忘節氣，在養生保健方面認為在春夏陽氣當旺之季，要保護體內陽氣，以免陽虛致病；秋冬陰氣當旺之季，要注意體內真陰的保護，以適應來春陽氣之發動，《內經》稱之為「春夏養陽，秋冬養陰」，這是養生固本的一大原則，不可違背，否則必然會損傷正氣，導致病害。

以秋季為例，古人說「春華秋實，倉積容滿」，秋季是收穫的季節。秋三月還需分孟、仲、季三個不同階段，立秋、處暑為第一階段，此時暑氣未消，秋陽餘炎；白露、秋分為第二階段，此時金風送爽，玉露初凝；寒露、霜降為第三階段，此時碧空如洗，大雁南飛，是「陽消陰長」逐步轉涼過程。人們在秋季的起居也應該隨著陽光的收斂，燥氣的影響調整睡眠時間，《內經》中說秋季應該：「早臥早起，與雞俱興。」有研究發現，腦血栓或缺血性腦血管病患者，在秋天堅持清晨運動有明顯的防治作用，有利於減少血栓形成，可以改善腦功能和智力，可能與秋季空氣中負離子含量較多有關。

不為而成

【語譯】

不妄為，就可以自然成功。

【原文釋評】

人的生命只有一次，養好生命，人才可以長壽。然而，危及人類生命的殺手比比皆是：飲水、空氣、食物等生存條件被破壞和汙染，人們普遍運動失衡，各種災難性疾病殘害著人們。我們如何養生才好？讓我們聽聽中華民族智慧之神——老子揭示的真諦：「不為而成。」意思是：人學地，不妄為，不違背規律，自然而然就可以成。也就是說，做事做到自然狀態，就是達到最高境界。由此，我們可以悟出：無為養生，是養護人生的最高境界！

對於養生，人們各有各的看法。但「英雄所見略同」，許多長壽者都認為養生不必有過多的禁忌，以順乎自然為好。

著名歷史學家周谷城說：「有人說老年人不能吃肉，不能吃動物油，連吃雞蛋也只能吃蛋清。對此，我卻不太贊成，我是想吃什麼就吃什麼，什麼東西好吃就吃什麼，飲食首先要吃下去，然後才可以消化吸收。不想吃的東西看著就叫人煩，那怎麼可以？想吃的東西卻不給吃或是吃不著，在精神上也會引起不良反應，對健康同樣是不利的。」

【經典案例】

著名學者季羨林已逾九十高齡，但是身體硬朗，思維敏捷。有人問他有什麼長壽秘訣，他的回答是：「我的秘訣就是沒有秘訣，或是不要秘訣。」季老經常看到一些相信秘訣的人，禁忌很多，這個也不敢吃，那個也不敢吃，季老不以為然。他凡是覺得好吃的東西都吃，不好吃的東西就少吃或不吃，其理論是：「心裡沒有負擔，胃口自然就好，吃進去的東西就會很好消化，再輔之以腿勤、手勤、腦勤，自然就百病不生。」

說起養生之道和長壽秘訣，真是形形色色，五花八門，不僅使人眼花撩亂，無所適從，甚至有些互相對立。

有這麼一個笑話：

某記者聽說某地有一位長壽老人，就趕去採訪。老人向其介紹自己的長壽秘訣：一輩子不吃肉，不喝酒。記者如獲至寶，於是專心記錄。恰在此時，忽然從屋子裡傳出叫罵聲，記者忙問是怎麼回事？老人不好意思地解釋：「因為接受你的採訪，耽誤給我父親買肉打酒，老人家發脾氣……」

人體的差異性很大，沒有一成不變的養生之道和長壽秘訣。在養生問題上，不要有那麼多的禁忌，不要有那麼多的框架或是戒律，不要強迫自己做那些難以做到的事情。保持精神愉快，樂觀豁達，想吃什麼就吃什麼，吃也吃得下，睡也睡得香，有問題則設法解決，有困難則努力克服，做什麼就專心做，心平氣和，從容處之。這樣符合自然規律，焉有不長壽之理？這裡所說的「順乎自然」也是相對而言，如果因為有病或其他原因，醫生囑咐忌吃某些食品或減少某些活動，就另當別論。

人之生，動之死地，亦十有三。夫何故？以其生生之厚

【語譯】

人本來可以活得長久，卻自己走向死路的，也佔了十分之三。這是什麼緣故？是因為他們養生過度的緣故。

【原文釋評】

老子提倡過一種寡欲質樸，純真自然的生活，這樣才不會傷殘人的本性，可以活得長久。他認為欲望太盛、供奉太多，反而使生命受到損害。

我的一位朋友的母親，曾經就是一個養生過度的人。她訂購許多衛生保健方面的報刊，經常剪貼和複印下來，分別送給朋友和老同學。她也關心電視上的健康節目。一次她特地打電話通知她的老同學，第二天有治療高血脂的節目。她的老同學說：「我的血脂還正常。」她說：「以後說不定會變高！」她經常懷疑自己有病，身體某個部位稍有疼痛，就害怕「長東西」了，弄得惶惶不可終日，精神負擔很大。最近她在別人的勸說下上了老年大學繪畫班，還每日與老伴出去運動，才感覺精神和身體都好多了。

中醫理論非常好，非常奇妙。中醫治病的本質是和諧，它不講究殺菌殺病毒，而是給你調理陰陽平衡，虛實平衡，氣虛補氣，血虧補血。例如：現在很多人每天吃一大堆補品，說這個好，一小點可以補充

那麼多營養。其實未必。如果真的是這樣，就可以不用吃飯，只吃補品就可以。任何東西少了不行，可是並不是說多了就好。例如：維生素C，成人每天的需要量是一〇〇毫克，如果你攝取二〇〇毫克，多餘的就會從尿液中排出，不會有什麼其他問題。可是如果你長期攝取過量，它會經由肝臟先儲存起來，然後再一點點釋放，如果你攝取的量過多，肝臟儲存過多，就會導致中毒症狀，頭暈頭痛，噁心嘔吐，甚至肝細胞壞死。每年因過量服用補品導致中毒甚至死亡的人不知道有多少。

所以養生要適度，適度包括營養的適度、運動的適度、心理的適度。

俗話說：「七、八分飽，百歲不老。」人為什麼要吃七、八分飽而不是全飽？老虎生活的環境裡，吃的東西不是每天都有，抓到獵物就要吃個夠，接下來的兩、三天不吃都沒事。我們有豐富的食物來源，每天都有吃的，如果吃得過飽過量，就容易吃出病來。從生理學的角度講，我們吃完東西後，要等血糖上升才有飽腹感，如果吃得過飽，等血糖上升的時候，一定又會覺得撐了。所以吃得快的人一定容易發胖。這就像一個汽車製造廠，每輛汽車需要四個輪胎即可，生產一萬輛汽車即需要四萬個輪胎，如果你做了四十萬個輪胎，當然會把整個工廠佔滿，反而無法生產出汽車。所以任何東西如果違背適度均衡的原則，好東西都會變成壞東西。當然，有特殊需要的人適當多補充一些複合營養還是對健康有益的。

「**健全的心靈寓於健康的身體。**」這句格言可以追溯到羅馬時代，而且歷久彌新，到現在仍然適用。生命在於運動，人如果不動，就不能生存，更不能成為有思維有感情的高級動物，但運動必須合乎科學，按照科學規律去運動，才可以達到健身的日的。一個人如果不按照科學規律去運動，盲目地做一些不適合於自己身心的運動，不僅得不到健身的效果，反而會損害健康。

心理的適度也就是心態平衡。有人說，心理平衡怎麼可能做得到？有時候，碰到某件事情我就會特別著急，無法平衡。心理平衡，不是講心如止水、心如枯井，更不是說麻木不仁。心理平衡的人一樣擁有喜怒哀樂，這是很正常的，但是不要過度。例如：今天你中一個大獎，請朋友吃飯，本來很高興的一件事，可是你大喜過望、酗酒過度，說不定回家就會腦溢血，變成樂極生悲。再例如：你不小心丟了錢包，其實沒什麼了不起，只要吸取教訓就可以，要是你為此而捶胸頓足，寢食不安，就會使神經功能紊亂，最後變成抑鬱症。所以我們遇事盡量不要大喜大悲，大驚大恐。過度的情緒波動會傷害內臟，導致胃、十二指腸潰瘍、高血壓等許多病，要盡可能保持理性、適度的情緒。

隨著人們生活水準的提高，人們對養生越來越重視，然而養生過度對健康反而有害。人不要把養生作為生活的唯一追求，過分執著養生，甚至定出各種規章、禁忌，活得並不自在。稍有不適就憂心忡忡，這樣的心態對健康極為不利。人應該提倡科學的生活方式，掌握必要的醫學常識，讓身心處於輕鬆狀態，做些令精神愉悅的事，瀟灑並快樂地活著，這才是最好的養生。

第九章：無為而無不為之道

以「無為」達到「無不為」是老子管理之道的精髓。學會識別人才並且尊重人才，也是管理者的必修課。

無為而無不為

【語譯】

可以順應自然不妄為，就沒有什麼事情辦不成。

【原文釋評】

老子的思想中，包含豐富精妙的管理智慧，其中的妙語箴言，至今仍然對現代企業管理有非同一般的深遠影響和啟迪。老子管理思想的核心是追求「無為而治，道法自然」的境界。

老子說：「**太上，不知有之；其次，親而譽之；其次，畏之；其次，侮之。信不足焉，有不信焉。悠兮，其貴言。功成，事遂，百姓皆謂：我自然。**」（《老子‧第十七章》）此話的大意是：最好的領導者，部屬與他無私交，人們僅僅知道他的存在；次一等的領導者，部屬親近他，而且讚美他；再次一等的，則是讓部屬畏懼害怕；最差勁的領導者，則是經常被部屬看不起，遭人蔑視。領導者最重誠信，沒有誠信則得不到部屬的信任與效忠。最好的領導者的態度是悠閒自然的，他不輕易發號施令，如此則事事順遂、功成業就，大家就會說：「我們本來就是這樣的。」老子還強調「**人法地，地法天，天法道，道法自然。**」所謂「道法自然」是說道就是其本來的模樣，「道」以它自己的狀況為依據，以它內在的原因決定其本身的存在和運動，而不必靠外在其他的原因。老子認為，任何事物都要順應它自身的情況去發展，

「自然」就是道，就是規律，就是法則。老子的這些論述實際上反映其學說的精髓和本質；簡而言之，就是宣導一種「無為而治，道法自然」的思想。

法國著名管理學家法約爾就極力反對上層領導者「在工作細節上耗費大量時間」，在小事上「總是忙忙碌碌」。他一直主張：「一個企業，經理應該設法保持對重大事情的研究、領導和檢查的思維自由和必要的行動自由」。這就是說：現代企業的管理者必須講求管理策略，要善於「抓大事」而「捨小事」。

從另一個角度來看，推行「無為而治，道法自然」的管理原則，是企業順應客觀規律、走向成功的必然選擇。老子「無為而治，道法自然」的思想提倡的是「順其自然」，講求按照事物本來的運行規律辦事。老子這裡所說的「無為」，並非人們通常理解的消極的「無為」，並不是要人什麼事都不做，毫無作為，聽憑命運的擺布，而是要求人們積極遵道以行，率理以動，因勢利導。此外，強調人不應該妄為，不應該亂為，不違背事物存在和發展變化的規律，要充分認識事物的發展規律，然後根據自然規律去工作，而不要勉強去做那些違背於規律的事。老子此處的「無為」強調的是管理者在進行管理的時候應該採取的態度和方法，即在企業管理中，管理者既不能隨心所欲，為所欲為，也不能脫離實際，勉強胡亂地去做，而要順其自然，遵循自然規律和社會規律，以忘我淡泊、寧靜致遠的心態去處理事物，並且嚴格按照客觀規律辦事。

【經典案例】

被譽為日本「經營之神」的松下幸之助在回答「你的經營秘訣是什麼？」的問題時，強調：「我並沒有什麼秘訣，我經營的唯一方法是經常順應自然而然的法則去做事。」松下幸之助的這種管理理念，實際上已經是對老子「無為而治，道法自然」進行充分肯定。

要達到「無為而治，道法自然」的管理境界，必須從以下幾方面進行努力：

一、企業管理者必須具備虛懷若谷，胸襟開闊的素質；必須要有「容人、容事」的氣度和風範；必須在識賢、求賢上「有所為」，在用賢上「有所不為」。一個成功的現代企業領導者，如果要做到「無為而治，道法自然」，就必須在幹部和員工的使用上實行「君無為而臣有為」的管理方法，這就要求企業管理者必須具備伯樂尋千里馬，劉備三顧茅廬的精神，發現人才並重用人才，真正做到「用人不疑，疑人不用」，以充分調動企業各級管理者和全體員工的主動性和創造性；而不是經常設限和干預，更不要不懂隨便指揮。研究證明，只有敢於「無為」，才可以大有所為。作為企業管理者，如何將具有不同文化背景、不同宗教信仰和思維方式的雇員凝聚在一起，讓整個公司形成一種信任、團結的風氣和環境，確實不是一件容易的事情。如果大小事務，凡事都要親自過問、親身參與，不僅領導者本人會覺得精疲力竭，事情多得做不完，員工也會覺得你不信任他，牢騷滿腹，造成管得越多越管不好的情況。

二、從企業管理的角度來說，必須建立一套適合企業特點、有前瞻性，並且可以與時俱進的管理機制，只有這樣，企業才可以靈活自如，遊刃有餘地運作。

要實現這個目標，必須要採取以下幾方面的措施：

■ 建立合理的組織結構，使部門與部門之間形成既相互協調，又相互制約的狀態。

■ 根據現代企業的要求，結合公司的發展規劃制定與之相符的管理理念，用以指導公司未來的發展。

■透過授權和分權的方式，提高工作效率，科學有效地管理企業。

事實上，任何一個企業管理者的管理範圍都是有限的，超過某個限度，必會造成自顧不暇，效率低下，並最終導致整個管理系統的紊亂和失衡，只有分級管理，才可以使管理者擺脫繁瑣事務的束縛，集中精力抓大局和戰略。美國紐約著名的貝爾實驗室在研究工作方面成績斐然，曾經誕生過十幾個世界第一的發明。在向記者談及治所之道時，負責人陳煜耀博士指著他辦公室掛著老子的「無為而治」的條幅解釋：「領導者的責任在於既要做到你在領導別人，又要做到別人並不認為你在干預他。」陳煜耀博士的這番話可謂一語中的，貝爾實驗室的成功正是老子「無為而治」管理思想在現代企業成功運用的一個鮮活實例。

事實上，只有分級管理，才可以使管理者擺脫日常瑣碎事務的干擾，集中精力做好自己份內的事情；從另一個角度來看，對於企業而言，如果過度依賴某個強勢的領導者，當有朝一日出現人事變動時，企業可能因而無法正常操作和運轉，這將對企業的長遠發展和做大做強造成嚴重影響。

三、企業的規章和大原則不能朝令夕改，制定以後就必須保持連續性和一貫性。這就是說，只要認定所選的項目是社會所需，也是根據自身特點和相關條件辦得到的，認準了，選定了，就應該像老子說的「守中」、「抱一」，就應該按照既定的道路，腳踏實地、堅定不移地前行。如果我們「這山望著那山高」，整天忙著為了一己之利貪大求新，過分「有為」，到頭來恐怕只會亂作一團，一事無成。

美國管理學家約翰・海德就在他所著的《領導之道——新時代的領導戰略》一書中，引用不少《老子》一書的思想，他十分推崇老子的「清靜無為」，在書中還從管理學的角度對這種思想做出自己全新的詮釋。事實上，管理學界學習研究老子思想的熱潮一直歷久不衰，老子思想猶如一個巨大的寶庫等待人們去深度挖掘。

治大國，若烹小鮮

【語譯】

治理國家應該像烹小魚一樣，不可以經常攪動它。

【原文釋評】

老子認為，管理者應該在掌握控制權的前提下把權力授予下屬，不隨意干預，給他們以充分的自由。我們知道，軍隊裡的元帥和將領，是不會親自衝鋒陷陣的，他們的才能在於調兵遣將，運籌帷幄。現代企業的領導者，也沒有必要事必躬親，但必須具備使用人才、調遣人才的能力，讓你的下屬在工作中充分施展自己的才能。這樣一來，你的企業才會永遠充滿活力，你的創業才會成功。

在現代社會裡，社會分工的越來越細，做老闆的或其他管理人員，也需要「抓大放小」，給你的下屬以充分發展的空間。這是衡量一個老闆和一個領導者能力大小的一把尺。

看到「事必躬親」這個成語，有許多人肯定想到《三國演義》「鞠躬盡瘁，死而後已」的諸葛亮。這個為了幫助劉備以及劉備的兒子恢復漢室的丞相諸葛亮，在劉備死後，為了使搖搖欲墜的蜀政權不至於加速滅亡，可以說是「事必躬親」。可惜的是，諸葛亮的本事再大，也沒能力挽狂瀾，恢復漢室，最後抱病死在五丈原。然而，諸葛亮與其說是病死的，不如說是累死的，他就是被「事必躬親」給活活地累死。

諸葛亮的悲劇就在於太相信自己，而總是不相信別人，不相信自己的手下，自然也就沒有將別人也可以做的事情讓別人去做，沒有充分「放權」。因為你諸葛亮的能耐再大，也不可能將所有的事情都做了。

在人的身上確實潛藏巨大的潛能，人也確實有無限的可能性，但是人畢竟是人，而不是萬能的上帝。所以，你不可能懂得天下所有的知識，你也不可能熟練地掌握天下所有的技藝，你更不可能做完天下所有的事情。瞭解這一點，你也就瞭解我們的社會為什麼會有各行各業的分工，你也就瞭解一個成功創業人士要走向成功，絕對不會僅僅靠他一個人單槍匹馬地去衝鋒陷陣。

管理是一門藝術。在實際的工作中，你可能會遇到這種情景，當你的下屬由於無法解決某個問題而感到苦惱的時候，你作為一個領導者或是老闆，你肯定要為他出主意、想辦法，提供一些你自己的工作經驗或是處理類似問題的經驗給他，但很多的時候你會發現，你往往會弄巧成拙。即使你已經用了你認為最溫和的語氣在對你的下屬講話，但你從他的臉上分明看出他的一種屈就的神態，他在表面上可能接受你的建議或是意見，內心卻未必服氣。這並不是你的意見不正確，或是建議無法解決這個問題，僅僅是因為你是上司，你的語氣中分明含著不相信他的成分，起碼在他看來是如此。

一個好的管理人員，他就會懂得「更精明而不是更辛苦地工作」。這並不是在推卸責任，而是將責任交給你信任的下屬，你和你的下屬各負其責，各得其所。

充分授權給你的下屬，在「抓大放小」的前提下，把本來屬於下屬的工作或是適合下屬的工作，以及完成這項工作所需要的權威堅決地交給下屬。這樣不僅可以將你從繁忙的事務中解脫出來，同時對你的下屬也是一個很好的鍛鍊機會。

西方管理學者卡尼奇說：**「當一個人體會到請別人幫他一起做一件工作其效果要比他單獨去做好得多**

時，他就在生活中邁進一大步。」卡內基說：「我知道的不多，但是我手下有很多人都知道怎麼把事情做好。」假如有人可以比你做得更快更好，不妨請他們來做。

最近的一項研究發現，許多經理人與專業人士在工作上都將大量時間浪費在雜事中。這項針對九十五個辦公室中一千七百多位員工所作的研究發現，經理人與專業人士的工作時間中，只有一小部分是用在他們的本職工作上。幾乎在每個辦公室裡，完成一份工作所使用的經理人和專業人士都比所需要的更多，而後勤人員則太少。薩森的建議是：雇用後勤人員去做事務性的工作，如果一個機構的高薪專業人員花了很多時間在做複印和裝信封的瑣事，這絕對不是在省錢。

管理者千萬不要企圖自己來單獨完成某件事情。你必須精於與你領導的團隊裡的每個聰明的傢伙打交道，與他們建立良好的合作，並充分激勵他們。

合理授權要講究方法，你需要用心想一想：授權的時機對嗎？是否授權過度？真的授權嗎？

正確授權的關鍵一條是必須善於使用德才兼備的幹部，把人才放在重要位置上；其次，必須堅持不干預下級工作的原則，做到用人不疑，疑人不用，不用害怕使用能力比自己強的人。

學會授權，首先要找對適當的授權時機：當下屬中有人比你還瞭解這件事情時；當下屬中有人處理這件事情比你還經驗老到時；當下屬中有人比你更適合處理這件事情時；當下屬中有人處理這件事情比你有經驗時；當下屬去做這件事情比你親自去做成本更低時，這些時候都是授權的好機會。最不適當的授權時機是：在公司剛開始進行裁員發生恐慌，或是發生變革還未穩定下來時。因為那個時候員工的情緒還很不穩定。

其次，授權要負責任。不負責任的下放職權，不僅不會激發下屬的積極性和創造性，反而會適得其反，引起他們的不滿。有些管理者每次向下屬交代任務時總是說：「這項工作就拜託你，開始都由你做主，不必向我請示，只要在月底前告訴我就可以。」這種授權法會讓下屬們感到「無論我怎麼處理，老闆都無所謂，可見對這項工作並不重視。就算最後做得很好，也沒有什麼意思。老闆把這樣的工作交給我，不是在小看我嗎」。高明的授權法是既要下放一定的權力給下屬，又不能給他們以不受重視的感覺；既要檢查督促他們的工作，又不能讓下屬感覺到有名無權。如果想成為一名優秀的管理者，就必須深諳其道。

再次你要確定你真的授權。你也許一天到晚想的是授權，甚至一週開兩次會議來討論授權問題；你也許還上過關於授權的培訓課。但是，當你一直在談論授權時，你是否真的去實行？真正有授權的組織不會談論這個問題，而那些大談特談的往往缺乏授權，它們過去花了很多時間去剝奪每個人的權力，所以才會猛然發現授權是一個天外福音。事實上，真正的授權最自然不過，人們都知道自己必須做什麼並且認真去做，就像蜂巢裡的工蜂。

這裡還有另一個忠告：把你或任何人都不願做的事情交給下屬去做並不是授權，而是派定任務。適當地這麼做一、兩次可能是必要的，但是這無助於增長他們的榮譽，也並非在鼓勵他們，而是增加他們的負擔。「己所不欲，勿施於人」恐怕就是為了說明這個道理。

所以，為了能把你真正地解放出來，你因此要學會把具有挑戰性的工作甚至是決策性的工作，還有使下屬有所收益的工作授權給他們，讓他們去做。這首先建立在你充分信任你的某些下屬的基礎上，「用人不疑，疑人不用」，這其中的道理，你可能比誰都清楚。因此，在你授權的時候，不要忘記把整個事情都託付給對方，同時交付足夠的權力好讓他做必要的決定。這和說「只要照著我的話去做」完全是兩回事。切記，把權力交給你的部屬，充分放權給他們，這樣做不僅讓你解脫，也會使你的事業有大的發展。

太上，不知有之

【語譯】

最好的君主治理國事，是百姓不知道他做什麼。

【原文釋評】

從古到今，研究君王學的人無不認為，「無為而治」是君王學的最高標準，可以達到無為而治的人，是天下第一流的領導者。從《易經》到老子、孔子、莊子，以及後來各代的權威學者，無不一致認為這個標準是天經地義的正確道理。君主作為古代國家中的最高領袖人物，所以君王學就是指領袖學而言。

《易經》中說：「易，沒有思慮。寂然不動，就有感覺通融天下。不是天下最高神人，誰可以做到？」又說：「**天下同歸而殊途，一致而百慮，天下何思何慮？**」無思無慮，就是順應之功，自然之至，無為之極。無為，就可以靜然而應、感通於神，自然有所成就。

老子說：「道常沒有作為而又無所不為，君王諸侯能遵守它，萬物都會自然化育。」又說：「聖人不行而知，不見而名，不為而成。」「我無為而民自化，我善靜而民自正，我無事而民自富，我沒有欲望而民自然純樸。」「因為聖人無為，所以沒有失敗；沒有固執，所以沒有損失。」「因為無為而治，所以就無所不治。」「為無為，事無事。」又說：「想要取得天下而去強求它，我看他不能得到。天下的神器，是不可強求，也不可執著。強求的人失敗，執著的人也會失敗。」

當然，無為的人不是一事不做，而在於不侵犯臣職，善於守著自己的職責盡量對工作進行引導而不是僵硬的「領導」。所以，無為的人，不是說引他不來，推他不去，而是他依從規律而做事，因資深而立功。我們必須注重「為無為」和「無為而無不為」這兩句話的深刻含意。老子所說的，不是平常人所說的清靜無為的消極思想與消極的政治。

只有懂得「無為而治」的管理者，才有大智慧、大眼界、大氣度、大膽略。有大智慧就可以看得透徹，有大眼界就可以看得長遠，有大氣度就可以容納萬物，有大膽略就可以提得起、放得下。明道明理，要靠大智慧；知人善用，要靠大眼界；容人信人，要靠大氣度；提得起、放得下，要靠大膽略。知人困難，善於任用人更困難；容人困難，信得過人更困難；提得起難，放得下是難上之難。

長期以來，管理者都是以命令的方式要求員工做事，結果並不理想，這極大地妨礙員工的積極性。

【經典案例】

某成衣工廠績效很差，按件計酬，產量仍然無法提高，經理嘗試用威脅和強迫的方式要求員工提高工作效率，仍然無效。後來，聘請一位專家來處理這個問題。專家將員工分成兩組，告訴第一組員工，如果他們的產量達不到要求會被開除；告訴第二組員工，他們的工作有問題，要求每個人幫忙找出問題在哪裡。結果第一組的產量不斷降低，有些員工甚至辭職不做；第二組員工的士氣卻很快提高，他們依照自己的方式去工作，負起增加產量的責任，由於齊心協力，第一個月的產量就提高二〇％。

這種效果完全是引導造成的，強迫無法使員工提高業績。相反的，引導卻可以有效激勵員工，提高工作業績。

領導與引導是不同的，領導含有命令的成分多一些，而引導包含的命令成分要少得多。領導轉化為引導，對管理者有著較高的要求，首先管理者要有非凡的智慧，能洞察企業運行的實質不是靠產品而是靠員工。其次，管理者要做出表率，管理者對於自己制定的規範、政策，要以身作則，身體力行；對自己的諾言，要言必信，行必果。只有管理者以身作則，言行一致，員工才會心悅誠服地接受領導，跟著積極行動起來。最後，管理者不能單憑自己的職務、權威和形式上的地位尊嚴去建立領導，而是要靠對員工的信任和引導去建立領導，要相信自己的下屬是有工作積極性的，有提高自己的能力、承擔更大責任的願望。

我無欲而民自樸

【語譯】

我沒有貪欲，百姓自然會淳樸。

【原文釋評】

老子認為，下屬會向管理者看齊，有什麼樣的管理者就會有什麼樣的下屬，管理者能以身作則，樹立起好的榜樣，是實現成功管理必不可少的條件。

「火車跑得快，全靠車頭帶。」領導者臨陣指揮，最能提高部下的士氣，特別陷入困境時，唯有出色的統領立於頭陣，身先士卒，才可以打開生路。臨陣指揮，並非在展現領導者優越的能力和魅力，重要的在於它能影響全體的精神。

做領導者要在言行舉止上展露出做領導者的風範。然而，很多人無法徹底實踐自己立下的規定。假如你要求每個人都遵從某種方法做事，你自己也不能例外。假如事情不得已一定要例外行事，你要向員工解釋其中的道理，或是改變規定。假如你期望下屬一直對你誠實，你也要付出同樣的真誠。假如某件事需要保密，你應該什麼都不要說，或是明白地對別人表示，你不宜對這個議題發表意見。假如你希望下屬整天埋頭工作，你自己也要全天無休或做得更久。

對領導者而言，可以成為下屬的榜樣，自然魅力大增。但是要做到這一點，並非易事，要靠自己平時對員工的影響力和工作技巧才可以做到。

以身作則不是整天在下屬面前喊喊口號就可以，真才實學永遠比口號更重要，而且更可以讓你的下屬欽佩有加。

在以下的內容中，我們將給你指出八種技巧，運用這八種技巧，你就可以樹立起被學習的榜樣。只要你能把這八種技巧運用得熟練，你也就用不著再費心去樹立別的榜樣。

使用這些技巧，每天運用它們，你很快就可以把這些個人品格發展到你的下屬要向你學習的程度；你會激發他們殫精竭慮地為你工作，你想讓他們做什麼，他們就會做什麼。這才是貨真價實的領導權，也是最大地駕馭下屬能力的具體表現。

你應該永遠記住這句話：**領導者是被學習的榜樣，不是被讚揚的對象**。給別人樹立學習的榜樣遠不是一件容易的事情，意味著必須隨時不斷加深我們在孩提時代從學校那裡聽來的那些傳統的個人品格和修養。樹立榜樣就意味著去發展勇氣、誠實、隨和、不自私自利、可靠的品格特徵，甚至當這種堅持需要你付出很高代價的時候也要堅持。

你的下屬將永遠把你看作是他們的領導者，看作是學習的榜樣。由於你可以履行上司的義務，並且以身作則表現出榜樣的風範，你的下屬就會尊敬你，為你而感到驕傲，而且會產生一種想達到你那樣高的境界的強烈願望。

表率即率而先之。通俗地講，工作業績傑出、品格高尚的領導者影響力較大。作為領導者，當然要做到表率作用，用魅力感召下屬，形成上下同心協力的工作局面。美好的形象能產生一種具體效應，給下屬信心、勇氣、力量，引導他們勇往直前。領導者具有頑強意志等人格魅力，影響下屬的工作方向，「因為自己的形象使下屬產生折射反應，就會產生極好的效果。」

「上有好者，下必有甚焉。」有什麼樣的領導者，自然會有什麼樣的下屬，所以領導者在責怪下屬處事不當之前，應該想想自己是否有同樣缺點。其身不正，試問又如何去責怪下屬？

你是否發覺，不少人的辭職，原因也涉及不喜歡領導者的處事作風？由此可見，如果下屬認為與領導者不屬同一類人，多數會自動辭職，所謂「物以類聚，人以群分」就是這個意思。因此，我們可從下屬的表現，得悉其領導者的管理能力。

解決衝突時，如果是你的責任，或不是你的責任，有必要時都要勇於承擔責任。誰都會失誤，再加上一些決策本身就具有風險性，工作中出現錯誤是難免的。當工作中出現問題時，與之相關的人都在考慮責任問題，誰都不願意承擔責任，推給他人自己省去麻煩，豈不更好？但作為管理者，無論如何都會有責任，如果是決策失誤，自然是管理者的責任；如果是執行不力，也許是制度不嚴或是管理者用人失察，也許是執行者自身的責任；如果是因外界原因造成失誤，管理者和執行者都有分析不足的責任。出了事只知道責備下屬，把責任推給下屬，不從自身找原因，就會與下屬發生矛盾，會讓你失去威信，失去民心。即使是下屬的過失，管理者也應該站出來承擔一部分責任，例如：指導不當、計畫不周，這樣做更可以顯示出你經常為他人著想的高風亮節，這樣處理就會把很多矛盾消於無形。不至於在出了問題以後把上下關係弄得很緊張。

為使下屬有樣學樣，身為領導者的你，最好經常省察，隨時反省自己有什麼壞習慣，並且及早戒掉。最容易犯的錯誤，就是領導者經常藉故遲到早退，這樣會令下屬工作散漫，嚴重影響工作效率。領導者不在，部下工作自然會放鬆，或四處找人聊天，將你「偷懶」的消息四處傳播。久而久之，你的上司也會聽到謠言，所以不要以為身為領導者就可以隨意離開崗位。

此外，**不要隨便推卸責任，把自己應該負的責任推給下屬，這不會令自己的責任減輕，只會令上司懷疑你的管理能力。**

做事公平及公私分明，才是部下學習的好榜樣。只有這樣的領導者，才會贏得下屬的好口碑。

領導者要產生表率作用，塑造自己的魅力，還應該做到以下十一點：

- 為你的下屬樹立高標準的學習榜樣，透過自己努力工作樹立榜樣。
- 身體要健康，精神要飽滿。
- 完全掌握自己的情緒，保持愉快而樂觀的態度。
- 在指責或批評別人的時候，不要把個人因素摻和進去。
- 待人要隨和，要有禮貌。
- 你的話必須一諾千金。
- 做任何一件工作，可以比一般人想得周密，做得有條理。
- 勇挑重擔，不怕困難，喜歡在重擔和困難面前，鍛鍊自己的人格和能力。
- 能從全局看問題，從小處著手，一步一腳印地解決問題。
- 不追求個人享受，任勞任怨，以身作則，同時以大家的甘苦為自己的甘苦。

用科學的態度，指導大家的工作方法，以人性為本，激勵大家的工作熱情。

聖人常善救人，故無棄人

【語譯】

聖人總是善於救助人，從來不會拋棄人。

【原文釋評】

老子認為每個人都有長處，所以每個人都是人才，管理者需要做的工作是用其長避其短，這樣才是高明的用人之道。

韓非子在《主道篇》中說：「明君的方法是：讓有智慧的人盡他的思慮，君王以此來斷事，所以君王有用不完的智慧；賢能的人發揮他的才能，君王因此委任他，所以君王有用不完的才能。有功名則表示君王有他的賢明，有過失則表明臣屬有他的責任，所以君王的名聲是無限的。這就因為不賢而成為賢人的老師，不聰明的人而使聰明的人正確。臣有他的功勞，君有他的成就，這就叫做賢明君主的經典。」

用人應該以他的才能為標準，不論黨派，不論地區，不論親仇，不論好惡，只論自己的需要、他人的專長。駕馭人的最終目的，就是使他能為我所用。不管所需要的人是在我之上，還是在我之下，或是與我並駕齊驅的人，都必須以自己的事業前途作為主軸，而繫住自己的一切行動。

【經典案例】

漢高祖為了政治上的需要，就利用蕭何與張良；為了軍事上的需要，就利用韓信與彭越。劉備為了帝業，就極力依賴於諸葛亮、關羽、張飛、趙雲等眾人的才力。成吉思汗的豐功偉業，大半都要歸功於耶律楚材的才能。他用人與拿破崙相似，不關心其他方面，只注重於實際的需要。

從嚴格意義上說，人才沒有好壞之分，而是以利用是否適當來區分好壞。利用得當，即使是販夫走卒，歌人妓女都是人才；怨仇宿敵只要有利用價值，都可以為我用。運用不當，就是英雄豪傑、聖賢仁人、左右的親近都會適得其反。

一個領導人物，必須具備高明的綜合組織能力。成吉思汗的後裔亞格柏，他之所以能征服印度，就在於他有全方位的領導能力。他的主要特點就是：開誠布公，禮賢下士。亞格柏用人，不論他是哪種人，哪種宗教，只求他是當時的賢能豪傑，確實是所需要的難得人才。所以能得到部屬的愛戴與擁護，而願意為他效死力。當時的文人學士，都薈萃京城，願意與他結成摯友。

秦穆公求士，得百里奚於宛，迎接蹇叔於宋，求丕豹公孫支於晉，以這四人而稱霸於西戎。商鞅是衛國的庶公子，秦孝公重用他，就使國富兵強，諸侯臣服。張儀是魏國人，惠王用他就使蘇秦苦心經營的六國結盟全部散敗。范雎也是魏國人，秦昭王用他，就可以廢太后、逐穰侯、放華陽、強公室，進而奠定秦國稱霸的基礎。所以，用人不能分貴賤、地域、親疏、黨派、門派。

人才是公司發展的雄厚資本，一個成功的管理人要懂得挖掘人才。大量的人力資源來自於管理人有效發現下屬的才智，使其各盡所能。但是由於有些領導者經常使用自己信得過的下屬，而疏遠那些尚待發現的人才，致使某些工作難以展開。發掘人才，既需要眼光，也需要耐心，二者缺一不可。

一個不善於發掘人才的管理人，只能埋沒人才，給公司帶來損失。因此，發掘人才是管理人眼力和能力的標準之一，不應該漠視。管理人不應該以「雞蛋裡挑骨頭」的方法去識別人才，而應該以「矮子中拔將軍」的眼光發現人才，因為金無足赤，人無完人。人各有所長，亦各有所短，只要能揚長避短，天下到處是人才，所以用人的簡單道理就是用人長而避其短。

有一個木匠，連自己的床壞了都不能修，可見他的技能是很差的。可是他卻自稱能造房，許多人會對此將信將疑，後來在一個造屋工地上這位木匠的能力被證明了。只見他發號施令，指揮若定，眾多工匠在他的口令下各自奮力做事，有條不紊，秩序井然，讓人大為驚歎。

對這種人應該怎麼看？如果因為他不是一位好的工匠就棄之不用，就是埋沒一位出色的工程組織者。從這個故事可以悟出一個道理：如果先看一個人的長處，就可以使其充分施展才能，實現他的價值；如果先看一個人的短處，長處和優勢就容易被掩蓋和忽視。

因此，看人應該首先看他能勝任什麼工作，不應該千方百計挑其毛病。即使是對毛病很多的人，也要看到他的長處，才可以充分利用他的才能。

在識人所長的同時，要能容其所短。短處包括兩個方面，一是本身素質中的不擅長之處；二是所犯的某些過失。一方面，越是有才能的人，其缺陷也往往暴露得越明顯。例如：有才能者往往恃才自傲，有魄力的人容易不拘常規，謙和的人多膽小怕事……錯誤和過失是人所難免的。

因此，如果對所犯的小錯也不能寬恕，就會埋沒人才。其實，任何人都有其長必有其短，識別人才重要的一點就是以長補短。如果識人只注意某個側面，這個側面正好是人才的缺點或短處，於是就武斷地下結論，這種方式是非常危險的，大批人才將被拋棄和扼殺。孔雀開屏是非常漂亮的，如果一個人不看孔雀美麗的羽毛，只看到孔雀開屏時露出的屁股，就會武斷地認為孔雀是醜陋的。管理者可以揚長避短，才可以得到自己所需要的人才，否則你就會怎麼看怎麼不順眼，結果沒有一個中意的，這樣必敗無疑。

善用人者為之下

【語譯】

善於用人的，對別人很謙遜。

【原文釋評】

我們知道，人是感情動物，人的一切行為動力都受到感情的支配。獲取人們感情的唯一方法，就在於你能瞭解尊敬他、器重他、同情他、幫助他、愛護他。管理者與其抬高自己的身分，使人們認為你自己是偉大、神聖不可侵犯的領袖，還不如降低自己的身分，放下自己的架子，使人們認為你是完全可以信賴的人，是他們的真誠朋友。這樣一來，人們不僅會心悅誠服地擁護你、愛戴你，甚至於心甘情願地為你赴湯蹈火，為你效忠效力，心甘情願獻上自己的生命。但是，你作為一個領導者，如果唯我獨尊，狂妄自大，就永遠難以贏得人們真誠的擁護與愛戴。

老子說：「王侯不能保持天下首領的地位，恐怕就要傾覆。所以貴以賤為本，高以下為基，因此王侯們自稱為『孤』、『寡』、『不穀』，不就是以賤為根本嗎？人們最討厭的，就是『孤』、『寡』、『不穀』，但王侯們卻用來稱呼自己。所以一切事物，如果減損它反而得到增加，增加它反而得到減損。」《禮記・曲禮》中也說：「禮就是要自卑而尊敬他人，雖然是販夫走卒，也必須尊敬他，何況高貴的人？」

因此，作為領導階層來說，就是要適當地抑制自己和顯揚他人。顯揚他人，實際上就是抬高自己。唯我獨尊、狂妄自大、目中無人、放縱無禮，將會毀害自己的事業。

真正大者不顯示大，真正高貴者不炫耀高貴。所以老子說：「江海可以成為河流百川所匯聚的地方，是由於它善於處在低下的地方，因此可以成為百川之王。因此，聖人要領導人民，必須用言辭對人民表示謙下；想要領導人民，必須把自己的利益放在他們的後面。所以，有道的聖人，雖然地位處在人民之上，而人民並不感到沉重；處在人民的前面，而人民並不感到難堪。」作為一位領導者，想要取得人民群眾的擁護與愛戴，就要處高而不故意顯示高，處大而不故意顯示大。

從古至今，有所作為的領導人都深深地領會到老子思想的精神，對人才格外重視。

【經典案例】

《史記・魏公子列傳》記載：魏公子無忌為人仁厚，又可以禮賢下士，凡是士人，不論才高才低，都可以謙虛地以禮相待，不因為自己富貴就怠慢士人。因此，縱橫幾千里地方的士人，都爭相前往歸附他。他招來的食客有三千人。在這個期間，各個諸侯因為無忌賢能，門客又多，所以不敢侵犯魏國。

魏國有一個隱士名叫侯嬴，七十多歲，家境很窮，只好去做大梁夷門的守門人。魏公子聽說後，就前去問候，要贈送他豐厚的財物。侯嬴不肯接受，無忌就擺酒席，大請賓客。客人坐定之後，無忌帶著禮物，空著車子左邊的尊位，親自去迎接夷門侯先生。

侯先生稍微整理破舊的衣帽，登上無忌的車毫不謙讓地坐在上首，想藉此來觀察無忌。無忌握著韁繩，更加恭敬。侯嬴又對無忌說：「我有一個朋友在街上屠宰坊裡，希望委屈你的車馬，讓我去訪問他。」無忌駕著車子來到市場，侯嬴下車去會見他的朋友，故意久久地與朋友談話，暗中觀察無忌。無忌臉色更加溫和，一點也沒有不耐煩的表現。

侯嬴看到無忌臉色始終不變，才辭別朋友，登上車子。來到無忌家，無忌領著侯嬴坐在上首，並向他一一介紹賓客。侯嬴就對無忌說：「我只是夷門的守門人，而無忌卻委屈車馬，在大庭廣眾面前親自去迎接我，我原本不應該去訪問朋友，卻委屈無忌去一趟。然而我侯嬴要成就無忌的美名，故意讓無忌的車馬久久地停在街市上，這樣人們大多把我看作小人，而認為無忌是有德行的人，可以謙恭地對待士人啊！」從此以後，侯嬴成為無忌的上賓，並為無忌的事業做出許多貢獻。

魏公子無忌之所以對許多別人看不上的「小人物」如此屈尊拜訪，就在於他認識到「小人物」蘊藏的巨大潛能，自己可以借助這種力量去達到政治目的。

一個領導人樹立「善用人者為之下」的觀念，才可以有所作為。人是最複雜的動物，你應該盡力去瞭解你的下屬中潛藏哪些人物，他們各有哪些才能和專長，有什麼樣的家庭背景、社會關係，他們的同學、朋友都是一些什麼人，他們的同學和朋友又有一些什麼樣的家庭背景和社會關係。在他們身上不經意的投入，有可能帶來意想不到的連鎖反應。

世界是不斷變化的，沒有一成不變的事情。「小人物」或許有一天也會變成「大人物」，多一個朋友總比多一個敵人強。或許當你消息閉塞時，會有一個你意想不到的朋友給你送來一則起死回生的消息，幫

你力挽狂瀾；當你仕途低迷時，會有人扶你一把。

《戰國策》記載一個故事：

中山國君宴請都城裡的軍士，有一個大夫司馬子期在座，只有他被忽略了未分得羊羹。司馬子期一怒之下跑到楚國，勸說楚王攻打中山國。中山君被迫逃走，他發現，逃亡時有兩個人拿著戈跟在他後面，寸步不離地保護他。中山君回頭問這兩個人說：「你們是做什麼的？」兩人回答：「我們的父親有一次快要餓死了，你把一碗飯給他吃，救活了他，我父親臨終時囑咐我們：『中山君如果有難，你們一定要盡死力報效他。』所以我們決心以死來保護你。」中山君感慨地仰天而嘆：「給予，不在於多少，而在於正當別人困難時；怨恨，不在於深淺，而在於正好損害別人的心。我因為一杯羊羹而逃亡國外，也因為一碗飯而得到兩個願意為自己效力的勇士。」

《三國演義》裡的曹操更是因為對待「小人物」態度的不同而影響大業。在官渡之戰兵處劣勢時，曹操聽說袁紹的謀士許攸來訪竟顧不得穿鞋，赤著腳出來迎接，對許攸十分尊重。許攸感其誠，遂為曹操出謀劃策，幫了他的大忙。然而曹操也吃過忽略「小人物」的虧，當他正一帆風順時，西川的張松前來獻地圖，他態度傲慢，以至於給張松留下「輕賢慢士」的壞印象，於是張松改變主意，把本來要獻給曹操的西川地圖，轉而獻給劉備。這對曹操來說不能不是事業上的一大損失。可以想像，曹操對張松如果像當年對許攸那樣尊重，西蜀的地盤說不定早就是曹操的。

夫唯不厭，是以不厭

【語譯】

只有不壓榨百姓，才不會被百姓厭棄。

【原文釋評】

老子主張，對下屬不應該壓榨和剝奪，要重視他們的利益，這樣才可以得到下屬的心，調動起他們的積極性。

【經典案例】

春秋末年，齊國國君荒淫無道，橫徵暴斂，老百姓苦不堪言。齊國的貴族田成子對他的賓客說：「用這種榨取的手段，雖然得到不少財富，可是失去民心，這種『取』實際上是『捨』，丟了義，失了民，也最終丟了國家。

他的倉庫儲存很殷實，但是國家不牢固，不是給別人——取而代之的人收藏的嗎？」於是，田成子製作大小兩種斗開倉賑民，大斗出，小斗進。結果借出的是糧食，收回的是民心，似給予，實則得到。果然，齊國的人民不願意為王室種田效力納糧而投奔於田成子門下，齊國國君寶座終為田氏家族所得。

作為一個領導者，你的下屬工作勤懇賣力，使你的企業蒸蒸日上，你的事業一天強於一天，下屬為你的事業做出傑出的貢獻。這個時候，作為一個上司，千萬不要吝惜你腰包中的鈔票，更不要吝惜你的讚美和誇獎之辭；要不失時機地對你的下屬進行物質獎勵和精神鼓勵，使他們覺得他的付出並沒有隨著汗水而付諸東流，而是有一種成就感。同時，獎勵和鼓勵工作勤懇的下屬，也是在告訴別的員工，在工作中，你多付出一分汗水，就會多一分收穫。

所以，適度而有效的獎勵，可以在最大程度上激發和保持下屬工作的主動性和積極性。重視員工利益，學會激勵下屬，是領導者的一種行之有效的管理方法。

我們的生活中，凡是由外力促成的行為，其持久力都不會很強。但是，如果使人們的心裡產生一種來自於自己內心的動力，其持久性是顯而易見的。汽車油箱裡的汽油如果用完了，汽車就需要人推著才可以行走，而沒有人的推動，汽車就很快要停下來。但是，如果汽車油箱中的汽油一直是滿的，車內的發動機就可以不停地驅動汽車前進，幾乎沒有一個盡頭。產生於人內心的力量是相當於汽車油箱裡一直加滿油，這種力量的持久力幾乎是永遠的。

人和激勵的關係也是如此。人如果沒有激勵，人就很難行動起來，更不可能鼓起衝勁，也就難以發揮他的潛能。反過來，如果一個人不停地受到激勵的驅動，他就可以永遠前進。

當你的下屬實現自己的人生目標，應該給予他們以物質和精神獎勵，即使他們從此以後不再為你的公司工作。

東芝社社長土光敏夫就是一位重視員工利益的楷模。為了瞭解實際情況，他遍訪東芝設在日本各地的三十三家工廠和營業所，而巡視時間大多利用總公司上班的閒暇。當然，這主要是因為他在白天不可能有空閒的時間，更主要的是，這是他一貫的工作作風，他很願意和自己的員工們交談，瞭解他們的酸甜苦辣，瞭解他們的人生理想和人生目標，而且他真的樂在其中。一次，土光敏夫來到川崎的東芝分廠，工廠裡的員工說：歷任社長從未來過，如今土光敏夫社長一來，鼓舞大家的士氣，於是工人的幹勁大增。

在東芝，土光敏夫提倡實行「長期經營計畫」，廣泛徵求來自各方面的意見。土光敏夫說：「我一向奉行重擔主義，也就是說，人的工作情況必須在工作能力之上。例如：這個人可以挑起一〇〇公斤的東西，實際上就應該交給他一二〇公斤的東西才可以。如果不賦予重任，那是一種罪過。如果要做到尊重人，就應該給他重任，這樣可以激發起他的創造能力。」

土光敏夫認為最高領導者還應該給員工提供一種良好的工作環境，讓每個人發揮自己的所長。東芝公司的事業蒸蒸日上，與土光敏夫的用人政策以及他對待普通員工利益的重視是不能分開的。

第十章：無往不勝的商戰韜略

以誠信為立商之本，定位準確，抓住機會，穩紮穩打，懂得讓利與合作，防範商業危機，我們就可以在激烈的商戰中立於不敗之地。

信不足焉，有不信焉

【語譯】

不講信用，別人就不會信任他。

【原文釋評】

老子認為，不講信用的人得不到別人的信任。中國有一句古話說，商道即人道，做生意首先要做的是人的生意。這樣的想法對於現在許多以追逐利益為至高準則的企業來說是一個警示。如果在企業的發展成長過程中過分追求利益而忽視其他方面的塑造，只會得不償失，那些將義、信、利完美結合的企業，無不在最終獲得更加豐厚的回報。

做生意先做人和做事先做人的道理一樣，做人首先要注重的就是道德與品格。

在經商過程中，商德是決定一個生意人能否成功的關鍵要素。一個沒有人格魅力的商人和企業家，是不可能受到別人的尊敬的，當然獲得生意上的成功也就難上加難。做人和做生意之間的關係是相輔相成的。

誠信經營的核心有二：

商業道德先行是做生意的基本出發點

「義」就是所謂商道，「君子愛財，取之有道」，所以商業道德務必先行。商場上的惡性競爭雖然是少數商家的把戲，但是也從一個側面反映現代商業環境中一些企業經營者為追逐眼前的利益，而忽視長遠的發展；為了追逐利益而忽視對信義的堅持；為了追求利益而忽視自己應該負起的社會責任。對於這些企業，即使可以在短期內獲得一定的成功和發展，在時間的檢驗中也一定會付出沉重的代價。

英特爾首席執行長貝瑞特曾經闡述一種觀念：企業公民。所謂的企業公民，是指企業在其成長發展的過程中與社會是緊密連結在一起的。企業的一舉一動都與社會息息相關。因此，企業也是社會的一分子，也應該為社會的發展盡到自己的責任。這種責任不是外界或社會強加的，而是企業作為「公民」應該履行的義務。

信譽第一是商業經營的基本保障

信譽意味著誠信和名譽，一個是要恪守的諾言，一個是要維護的形象。從經濟學角度講，信譽屬無形資產；從倫理學角度講，信譽則屬於道德資產。信譽是一種靈魂，是特殊的無形資產，是企業競爭的核心武器，具有凝聚人心的魅力。信譽看不到，摸不著，它是依存於企業與企業之間，人與人之間在商品交換中的一種信任關係，並每時每刻地影響人和企業的行為。「信譽是企業的生命」，這是精明的企業家所信奉的經營法寶，是商業經營的基本保障。對有頭腦的成功企業家來說，信譽是企業最寶貴的資源。靠信譽成功，靠信譽成名的企業家不在少數，因為他們懂得只有善於信譽管理，信譽財產價值才會與日俱增，而且還會創造出潛在價值。企業只有加倍維護產品的信譽，才可以贏得消費者好評，取信於民，並由此享受到信譽所帶來的無形資產的回報。

【經典案例】

日本山一證券公司的創始人小池說：「做生意成功的第一要訣就是誠實，誠實就像樹木的根，如果沒有根，樹木就不會有生命。」這確實是小池經驗之談，他正是因為誠實而起家。

小池二十多歲時開小池商店，同時替一家機器製造公司當業務員。有一個時期，他推銷機器很順利，半個月內就跟三十三位顧客簽訂契約，並且收下訂金。之後，他發覺所賣的機器比別的公司出產的同樣性能的機器貴，他感到很不安，立即帶合約書和訂金，整整花了三天時間逐家逐戶去找訂戶，老老實實說明他所賣的機器價錢比別人賣的機器貴，請他們廢除契約。這使訂戶深受感動，結果三十三人中沒有一個廢除契約，反而對小池更加信賴和敬佩。消息傳開，人們知道小池經商誠實，紛紛前來他的商店購買貨物或是向他訂購機器。誠實使小池財源滾滾，終於成為一個企業家。

威爾是美國一名成功的房地產經營家，他剛開始從事房地產交易時，有一次帶一位買主去看森林湖區的一座房屋。房產主曾經私下告訴他說這棟房子大部分結構都不錯，只是屋頂過於陳舊，當年就要翻修。買主是一對年輕夫婦，他們說準備買房的錢很有限，極怕超支，所以想買一處無需修葺的房子。他們看過房子後很喜歡，立刻決定購買，並想立即搬進去住。但威爾對他們說，這座房子需要八萬美元重修屋頂。威爾知道，說出房子屋頂的真相會冒風險，有可能毀掉這筆交易。果然，這對夫婦一聽說要花這麼多錢來修屋頂，就不肯購買。一星期後，威爾得知他們從另一家房地產交易所花較少的錢買了一棟類似的房子。

威爾的老闆聽說這筆生意被人搶走，十分生氣。他把威爾叫到辦公室，問他是如何把這筆生意搞砸的。老闆對威爾的解釋很不滿意，他咆哮著說：「他們並沒有問你屋頂的情況！你沒有責任要告訴他們。你主動告訴他們屋頂要修是愚蠢的，真是多管閒事，現在你把一切都失掉了。」老闆解雇了威爾。

如果威爾是一個不重視誠信者，他可能會想：「我把實情告訴那對夫婦，真是愚不可及。我何苦要為別人操心？關我什麼事？以後不要再多嘴，白白丟掉一份佣金。我可真笨！」但是，威爾所希望的是做一個誠實的人，與他一直受的教育是要說實話有關。他的父親總是對他說：「你與別人一握手，就等於簽訂一項合約，你說的話要算數。如果你想在生意上站穩腳步，就必須對人公平交易。」所以，威爾總是把信用、人品放在第一位，而不是把賺錢看成高於一切。雖然當時他也想把那棟房子賣掉，但是他不能為此而有損自己的人格價值。即使丟掉工作，他仍然堅信自己唯一的做人準則就是在一切事情上都講真話。

後來，威爾從他幫助過的一位親戚那裡借一些錢，搬到加州，開一家小型房地產交易所。數年之後，他以做生意公道和為人誠實建立信譽。雖然他也為此丟過不少生意，但他卻逐漸贏得人們的信任。最後，他名聲遠揚，事業發展，生意興隆，客戶遍及全國。威爾靠他的誠實和信用發達起來。

建立信譽，樹立誠實正直的商業形象，消費者才會覺得你值得信賴，你做的事也才會順利，收穫也才會大，所以經營者千萬不能因一時利益而行偽詐毀誠信。

妄作凶

【語譯】

茫然無知地胡亂作為，會遭遇凶禍。

【原文釋評】

老子認為，茫然無知胡亂作為會遭遇災禍。有一句俗話說：「隔行如隔山。」雖然社會生活中的各行各業是緊密地連結在一起，但是每個行業之間存在著許多你看得見與看不見的許多隔閡和區別，每個行業都有其自身的經營之道。所以，無論你是久經商場，還是初出茅廬，如果你這次創業要涉足一個你自己並不熟悉的領域，一定要慎之又慎，絕對不能盲目從事。

創業是一門學問，外行涉足到一個全新的領域去發展，想不失敗都難。在這個方面，商海裡有許多正面反面的例子可供我們引以為戒。

【經典案例】

澳門當代博彩業大王何鴻燊，出身於豪門世家，其祖伯父何東爵士，是東南亞最富有的華人，他的父親何世光既是洋行買辦，又是立法局非官方及華東三院主席。此外，他的其他伯父和叔叔大多都是買辦出身，家境非常富裕。何氏家族憑藉他們既通中文、又精通英文的優勢，在香港的華人、洋人貿易界中舉足輕重。然而可惜的是，就是這樣的一個名門望族在上流社會絕對有頭有臉的人物，卻栽在股票市場，而且弄得傾家蕩產，家破人亡。

事情的經過是這樣的：何鴻燊的叔父何世亮，原本是怡和洋行買辦。有一天，他進入洋行「大班」辦公室，發現地上有一封未封口的信，他就好奇地將它撿起來瞄了一眼。這一瞄可不要緊：原來是一個正好伺機買入股票的資訊。

異常驚喜之下，何世亮急忙回去與兄弟們商量，決定立刻貸款並且傾其所有家產購入怡和大班所持有的股票。

何家上下的人照理說都是非常聰明的人，他們卻不知這其中有詐，更不知他們所不熟悉的股票市場的水到底有多深，他們就這樣稀里糊塗地一頭栽進股市。他們不知道這其實是怡和大班玩的陰謀和詭計，大班想拋出手裡的股票，煩惱沒有多少散戶（也就是中小投資者）有巨額資金來接盤，就故意玩了這樣一齣把戲，可是沒想到何家的人真的就上當。

當何氏家族傾其所有資產投向那支股票以後，這支股票的價格演出「高空跳水」的一幕，一路狂跌，一直跌得何家家破人亡。何世亮因為無法償還債務，飲彈自殺；長兄何世榮急得引起精神病，服下大量的安眠藥長眠不起；何世光則帶了兩個兒子，拋下嬌妻和姐弟亡命他鄉。

從此以後，在澳門顯赫的何家家破人亡，一蹶不振。

由此可以看出，雖然股票市場每天都有漲得很好的股票，但不是每個人都可以成為股票市場的贏家。在股票市場上沒有所謂的全部都是贏家的情況，因為有人賺了就肯定有人要賠了。

誠如我們在前面所說，成功創業需要發揮我們的優點，需要我們去揚己之長避己之短。選擇自己的創業行業時，一定要考慮自身的情況，千萬不可以冒失，一頭栽進自己不熟悉的領域而不能自拔。

例如：你擅長於某個行業，就不要強求自己去做自己並不適合做的事情，因為你即使做了恐怕也難以有收穫。從另一個角度講，即使你的工作環境暫時與你的自身優勢和你的優點暫時有所不合，你這個時候仍然可以積蓄自身的潛能力，並在本職工作中闖出一個可以揚己之長避己之短的小環境。

從社會發展的大趨勢和成功創業人士的經驗來看，一個人想要取得事業的成功，只有自身不斷生長著優勢，才可以將自身的優勢最後轉化為勝勢。我們的「優勢」之所以要不斷地生長，是因為目前數位資訊化社會變化繁複，昨天的優勢到今天就有可能成為劣勢。

做老闆自己創業是一回事，為人工作又是另一回事。自己做老闆，公司裡外的所有事情都要在自己的掌控之下，既要做好公司內部的管理，更重要的是對外要有客戶才可以。你是一個員工，對自己的公司業務確實非常熟悉，也確實閉著眼睛就可以把工作做好，可是你不能忽視一點，要成功創業，單靠自己的業務能力是遠遠不夠的，因為你最終面對的是市場，是顧客。沒有後者，即使你有上天的本領和能力也於事無補。別人辦公司在不停地賺錢，你辦同樣的公司卻可能在不停地賠錢折本。事情往往就是這麼奇怪！

其實，說怪也不怪。以創業而言，經營者想辦公司做生意，最忌諱的就是做那些你從來沒有涉足的既陌生又沒有把握的生意。你熟悉餐飲業，你就踏實地做你的餐飲業，而不要去經營汽車配件；你熟悉建材行業，你就踏實地做你的建材業，不要看到眼下經營化妝品的生意很好就去經營化妝品。在進行創業設想的階段瞭解這一點，對你以後的創業會大有好處。

所以，全心全意地去做你熟悉和瞭解的行業，千萬不要人云亦云，不要好高騖遠，也不要打一槍換一個地方。如果你可以做到這一點，如果創業就可以賺到錢，否則你恐怕只能站在旁邊觀看。

合抱之木，生於毫末

【語譯】

合抱粗的大樹，生長於幼芽。

【原文釋評】

老子認為積少可以成多，又說做事應該從容易處著手，這兩方面的道理都說明「先做小事，賺小錢」的合理性。

報紙上曾經報導一位擁有一百萬美元的富翁，原來卻是一位乞丐。我們心中難免懷疑：依靠人們施捨一分、一毛的人，為何卻擁有如此巨額的存款？事實上，這些存款當然並非憑空得來，而是由一點點小額存款累積而成。一分到十元，到千元，到萬元，到百萬元，就這麼積聚而成。如果想要很快存滿一百萬美元，那是幾乎不可能的。

聰明的人，為了要達成主目標經常會設定「次目標」，這樣會比較容易完成主目標。許多人會因為目標過於遠大，或理想太過崇高而易於放棄，這是很可惜的。如果設定「次目標」就可以較快獲得令人滿意的成績，可以逐步完成「次目標」，心理上的壓力也會隨之減小，主目標總有一天也可以完成。

【經典案例】

曾經有一位六十三歲的老人，從紐約市步行到佛羅里達州的邁阿密市。經過長途跋涉，克服重重困難，她到達邁阿密市。在那裡，有一位記者採訪她。記者問，路途中的艱難是否曾經嚇倒她？她是如何鼓起勇氣徒步旅行的？

老人回答：「走一步路是不需要勇氣的。我所做的就是這樣。我先走一步，接著再走一步，然後再一步，我就來到這裡。」

是的，做任何事情，只要你邁出第一步，然後再一步一步地走下去，你就會逐漸接近你的目的地。如果你知道你的目的地，而且向它邁出第一步，你就走上成功之路！

每個人都應該有偉大的長遠夢想和希望，然而，對於目標設定，成功大師往往建議人們先設定一個容易堅持的目標，也就是說，採取初級步驟。例如，如果你最終想減重五十磅，擁有健美的身材，他們會推薦你先減重二十磅，而不是試圖向前邁出一大步，立刻減重五十磅；不是去健身房一個小時，而是只去二十分鐘。換句話說，設定一個不太費力的目標，然後迫使自己堅持它。這樣你就不會覺得壓力太大，而是覺得可以應付自如。由於覺得自己可以應付，你會發現自己渴望去健身房，或做生活中其他需要你做或改變的事情。

擁有宏偉的大膽的夢想，然後每天做一點容易成功的事情，也就是說，用小步而不是邁大步越過一個障礙，你就會走向成功的顛峰。

許多人對小事情不注意，覺得要做就做大事。實際上，小事情很重要，小生意也可以賺大錢。即使一

些不引人注目的行業，以及被人瞧不起的新行業，也可以創造出傑出的企業家，創造出令人驚歎的奇蹟。

立「做大事，賺大錢」的志向基本上沒有錯，因為這個志向可以引導一個人不斷向前奮進；但說老實話，社會上真的可以「做大事，賺大錢」的人並不多，而一踏入社會就可以「做大事，賺大錢」的人也需要一些特別的條件：

- **過人的才智**。也就是說，是一塊天生「做大事，賺大錢」的料子！
- **優越的家庭背景**。例如：家族有龐大的產業或企業，或是有一個有權有勢的父母，因為這樣的父母和這樣的背景，所以一踏入社會就可以「做大事，賺大錢」。
- **好的機會**。有過人才智的人需要機會，有優越家庭背景的人也需要機會，才可以真正「做大事，賺大錢」。

談到這裡，請讀者想想：你的才智如何，自認是「上等」或「中等」還是「下等」？別人對你的評價又如何？你的家庭背景如何？有沒有可能助你一臂之力？對「機會」你有信心抓住它嗎？

不管你的回答如何，現實卻是：很多企業家都是從小夥計做起，很多政治家是從小職員當起，很多將軍是從小兵成長起來的。所以，當你的條件只是「普通」，又沒有良好的家庭背景時，「先做小事，先賺小錢」絕對沒錯，你絕對不能拿「機會」來賭，因為「機會」是看不到、抓不到，難以預測的。

千萬不要自大地認為自己是一個「做大事，賺大錢」的人，而不屑去做「小事」、賺「小錢」，連小事也做不好，連小錢也不願意賺或賺不來，別人是不會相信你能做大事、賺大錢的。如果你抱著這種只想「做大事，賺大錢」的心態投資做生意，失敗的可能性很高。

一家海鮮連鎖餐廳的老闆很可能當初是在水產品市場擺攤的，而一家皮鞋連鎖店的老闆當初可能是擦鞋的。俗話說，萬丈高樓平地起。基礎是最重要的，小事做不好的人，大事肯定也做不好；小錢都賺不來的人，沒有人相信他將來可以成為一個有錢人。

將欲奪之，必故與之

【語譯】

想要奪取它，必定先給予它。

【原文釋評】

老子認為，想要獲取，必須先給予，這是一種高明的策略。在商戰中，不能死抱住一些今日的蠅頭小利，應該為了長遠目標而放棄眼前利益，尤其是在情形不利時，更是應該讓出自己的一部分利益，這樣才可以賺到大錢。

【經典案例】

美國富豪洛克菲勒年輕的時候，為了營造自己的壟斷帝國費盡心機，不擇手段，被人稱為「蟒蛇」，是魔鬼的化身。到了晚年面對數不清的財富，才醒悟到錢財是身外之物，生不帶來死不帶去，他只是「為上帝看管財富的奴僕」而已。當時洛克菲勒是一個垂暮老人，兒子還沒有繼承財產，世人都盯著這筆財富的去向。

一九〇五年《世界主義者》雜誌發表一組題為「他將怎麼安排它」的文章。開場白這樣寫著：「人們對於世界上最大的一筆財產，即約翰・洛克菲勒先生的財產今後安排感到很大興趣。這筆財產在幾年之中將由他的兒子約翰・戴・洛克菲勒來繼承，不言而喻，這筆錢影響所及的範圍是如此之廣泛，以致繼承這樣一筆財產的人完全可以施展自己的財力去徹底改革這個世界……要不，就用它去做壞事，使文明推遲四分之一個世紀。」

顯然，世人已經在關注這筆世上最大財產的用途。在這種情況下，老洛克菲勒看到：「花錢是最好的投資。」在他最信任的朋友牧師蓋茲先生的勤奮工作和真心建議下，他先後捐了上億鉅款，分別捐給學校、醫院，研究所，並建立龐大的慈善機構，進行大量的投資。在十二年時間裡，老洛克菲勒投資四・四六億美元給他的四個大的慈善機構，並把這些機構交給兒子管理。以後經由這些機構，小洛克菲勒對教育、醫學、環境保護以及文學藝術等公益事業進行大量投資。

總共捐了八・二二億美元財產，效果也是顯著的，洛克菲勒基金會先後培育出十二位諾貝爾醫學獎得主，三位美國國務卿，更有無數的科學家、作家、藝術家，賈平凹因為其著作《浮躁》而榮獲一九九一年度「美孚飛馬獎」。

這樣做，不僅為老洛克菲勒洗刷先時斂財的惡名，還為其家族贏得世人的尊敬。在美國公眾面前樹立洛克菲勒家族的嶄新形象，為其家族的事業創造更好的人際環境。至今，洛氏家族在美國的影響力還是舉足輕重，美孚的石油產品還在源源不斷地流向世界各個角落，錢財還從四面八方飛來。

英國聯合利華公司總經理Ｇ・Ｊ・柯爾在企業經營中，有一個基本信條，即不拘泥於體面，而以相互利益為前提。依照這個信條，他在企業經營和生意談判交涉中經常採用讓利策略。在一定情況下，甘願妥協退步，以贏得時機發展，結果反而獲得更大的利益。

聯合利華公司在非洲東海岸早設有大規模的友那蒂特非洲公司，從業人員達到十四萬，這裡有豐富的肥皂原料，並適合於栽培食用油原料花生，是聯合利華公司的一塊寶地，也是公司財富的主要來源。

第二次世界大戰結束後，非洲各地的獨立運動如火如荼，結果聯合利華這些肥沃的花生栽培地，一塊塊被非洲國家沒收，公司的財富來源被切斷，這就使聯合利華面臨著極大的危機。

這個時候，經驗豐富的總經理柯爾親自來到非洲，找那些老朋友辦理交涉。

針對當時非洲民族解放運動日益高漲的實際情況，柯爾對友那蒂特非洲公司發出六條指令：

第一，非洲各地所有友那蒂特非洲子公司系統的首席經理人員，迅速啟用非洲人。

第二，原來非洲人與白人在薪水上的差異，立即取消，採取同工同酬的辦法。

第三，為了培養非洲人的幹部，在尼日設立經營幹部培訓所。

第四，應該採取利益共用的政策。

第五，以尋找生存之道為主要目的。

第六，不可拘泥於體面問題，應該以創造最大利益為要務。

上述六條，看起來似乎是妥協退讓，但是後來的事實證明，柯爾不僅沒有受到任何損失，反而獲得極大的利益。

柯爾在與迦納政府交涉中，為了表示尊重對方的利益。主動把自己的栽培地提供給迦納政府。柯爾的主動退讓，獲得迦納政府對他的好感。後來，迦納政府為了報答他，指定聯合利華公司為迦納政府食用油原料的買賣代理人，這就使柯爾在迦納獨佔食用油原料的買賣權利。

在與幾內亞政府的交涉中，柯爾表示自願撤出公司，這種坦誠的態度反而使幾內亞政府大受感動，因而願意挽留柯爾的公司，希望它繼續存在。除此之外，柯爾在非洲各地都採用退讓策略，也獲得不同程度的利益。這樣一來，在非洲獨立運動的高潮中，其他一些歐洲公司都受到不同影響，只有聯合利華公司在實質上沒有受到任何影響，不僅平安地度過這個難關，而且還獲得一定的利益。

夫唯不爭，故天下莫能與之爭

【語譯】

正因為無爭，所以沒有人可以和他相爭。

【原文釋評】

我們必須承認「天外有天，人外有人」這句話。沒有人攀到事業的最高峰，對於每一位成功者而言，只是到達別人還沒有企及的高度，而不是事業的頂峰。對於大多數人而言，可能面對的對手都比自己要強一些。對於這樣的對手，我們應該怎麼做？

如果不能打敗他們，就和他們結合。這是許多成功人士的競爭策略。

在商界，怎樣與競爭對於相處，是許多試圖成功者面臨的一個頭痛問題，也許這種競爭的習慣會給你提供一個良策：請你和自己的對頭「手牽手」進行合作！

【經典案例】

在經過幾十年的爭鬥後，美國最大的汽車公司——「通用」汽車公司和日本「豐田」汽車公司組織一個聯合公司，在加州「通用」的雷蒙德工廠合作生產汽車。兩個競爭角逐的「冤家對頭」終於握手言和。

聯合建廠的建議，是「通用」汽車公司總裁羅傑・史密斯提出來的。因為他看到，在競爭日趨激烈的世界汽車市場上，日本汽車正以其成本低、價格廉而後來居上，蠶食著一直在汽車市場上佔統治地位的美國的地盤。即使「通用」想盡改進汽車製造的辦法，仍然難以在這場競爭中完全取勝。如果繼續惡性競爭下去，肯定會兩敗俱傷。

於是，史密斯從長遠著眼，提出和日本廠商聯合的建議，而「豐田」也欣然回應。因為這兩家世界第一、三位的汽車廠家都有各自的明確意圖。對於「豐田」，可以避開美國貿易保護主義的障礙，獲取更大的利潤；對於「通用」，則可以深入瞭解豐田生產管理的第一手資料，借鑑豐田的經驗。兩個廠家雙強聯合，獲得雙贏！

在商界競爭中，如果不能打敗你強有力的對手，就嘗試和他們進行結合。這是許多成功人士的競爭策略，也是這些成功人士的經驗之談，你也不妨一試。

與人合作的目的就是雙方都可以獲利，想獨自獲利是一種貪婪，而雙贏則是一種策略。同時，只有這樣，才可以處理好與同伴與對手的關係，為下一步合作打下良好的基礎。

大自然中弱肉強食的現象較為普遍，這是出於動物生存的需要。但是人類社會與動物界不同，個人和個人之間的依存關係相當緊密，除了競賽之外，任何「你死我活」或「你活我死」的遊戲對自己都是不利的。

建議你採用「雙贏」的競爭策略，這不是看輕你的實力，認為你無力扳倒你的對手，而是為了現實的需要，如前面所說，任何「單贏」的策略對你都是不利的，因為它必然會有這樣的結果：除非對手是一個軟弱角色，否則你在與對方進行爭鬥的過程中，必然會付出很大的心力和成本，而當你打倒對方獲得勝利時，你大概也已經心力交瘁，甚至所得也無法償付你的損失。人類社會是複雜的，你更不可能將對方毀滅。如果你一時貪心，必然會招致禍患，給自己造成潛在的危機。在進行爭鬥的過程中，也有可能發生意外的情況，這樣會影響原本是強者的你，使你反勝為敗！所以，無論從什麼角度來看，那種「你死我活」的爭鬥在實質利益和長遠利益上來看都是不利的，因此你應該活用「雙贏」的策略，彼此相依相存。

注重彼此和諧與互助合作，面對利益時與其獨吞，不如共用。在經濟利益上，講求「有錢大家賺」，這次你賺，下次他人賺，這回他多賺，下回你多賺。人，何必如此貪心！

總而言之，「雙贏」是一種良性的競爭，更適合於現代社會人們之間的相互競爭。

為之於未有，治之於未亂

【語譯】

要在事情還沒有發生時處理它，要在事情還沒有紛亂時治理它。

【原文釋評】

老子認為，防微杜漸，將危機消滅於萌芽狀態，才不會釀成禍患。管理界流傳一個關於荷葉的故事，正好說明這個道理。

【經典案例】

在很遠的地方，有一個村子，村子裡有一片清澈的池塘，這個池塘是村民們唯一的飲用水源，絕對不能被汙染。

有一天，一個人不小心讓一小截藕掉進去，藕在池塘裡生根，然後發芽，並且長出幾片荷葉。

荷葉每天都在成倍增長，二片，四片，八片，十六片，三十二片……按照這樣的速度，三十天就可以覆蓋整個池塘。

可是，在此之前的二十八天裡，卻沒有人理會池塘裡的變化。直到第二十九天，村民們注意到了，他們認為是「突然間」長滿覆蓋大半個池塘的荷葉。就在他們討論著如何處置時，荷葉布滿整個池塘。先前生長的部分荷葉已經腐爛，並且別的水生植物也趁勢猛長，水質被嚴重破壞。

任何一個危機事件，都要經歷一個從無到有，從小到大，從輕微到嚴重的累積發展過程。很多危機之所以到達難以控制的程度，都是因為在萌芽狀態時沒有引起人們足夠的重視。

很多人還沒有忘記可口可樂的那場危機，那個時候，全世界有很多可口可樂愛好者對這個世界頂級飲料敬而遠之。

一九九九年六月，可口可樂這家位居世界首位的軟性飲料公司，即使有充足的時間、技術資源和公共關係，有能力在早期控制危機的擴散，但是由於未能引起足夠重視而使其聲譽和形象嚴重受損。

事情最先發生於比利時，有消費者聲稱可口可樂引發重大疾病，要求可口可樂公司補償住院治療費用，但可口可樂公司卻堅稱產品是安全的。

事實卻是，可口可樂公司在比利時的加工廠沒有按照慣例實施產品檢測，結果使一些有害的成分進入飲料之中，引發事故，導致二百多個孩子和成人患病。其實，在這之前四個星期，危機就已經有徵兆：當時，一位酒吧老闆對可口可樂公司一位經理說，有客人抱怨聞到可口可樂的味道很不舒服，但沒有任何人對此給予重視。

當可口可樂否認其產品對消費者有不良作用時，其造成的影響已經十分嚴重，受害者家屬向比利時政府施加壓力，要求可口可樂公司回收產品。在法國以及其他一些國家，也先後出現類似情形。

兩個星期後，芬蘭發現更多被汙染的瓶裝飲料，事態進一步惡化。

最後，可口可樂公司收回一千四百萬瓶產品。在這一場危機中，可口可樂的死對頭百事可樂抓住時機，佔領許多市場。全世界的報紙都在指責可口可樂，幾乎每一張報紙上都可以看到類似「可口可樂由於健康恐慌而收回產品」的報導。

事後，可口可樂公司總裁道格拉斯・艾華士承認，他未能及早地瞭解問題的嚴重性，在事故處理過程中過於依賴下屬單位，也未能盡快抓住機會，親自向相關國家政府的人員解釋清楚。

可口可樂公司的危機就像許多意外事故一樣，由於忽視早期徵兆，一廂情願地以為事故會自生自滅，結果導致持續混亂局面的出現，並為此付出高昂的代價。

大部分商業危機並不是由於單一事件而引起的，而是許多個別微小的、容易被公司高層領導所忽視的一連串事件綜合引發的結果，有時候這被稱為危機潛伏。

大部分危機是可以避免的，警惕性是首要的，許多危機管理專家提議公司建立危機預防計畫以避免危機的爆發，同時建立危機管理計畫以便在危機無法控制時解決問題。

畢竟諾亞在下雨之前就開始造他的方舟。

附錄：《道德經》全文

第一章

道可道，非常道；名可名，非常名。無，名天地之始；有，名萬物之母。故常無，欲以觀其妙；常有，欲以觀其徼。此兩者，同出而異名，同謂之玄。玄之又玄，眾妙之門。

第二章

天下皆知美之為美，斯惡已；皆知善之為善，斯不善已。故有無相生，難易相成，長短相形，高下相傾，音聲相和，前後相隨。是以聖人處無為之事，行不言之教。萬物作焉而不辭，生而不有，為而不恃，功成而弗居。夫唯弗居，是以不去。

第三章

不尚賢，使民不爭；不貴難得之貨，使民不為盜；不見可欲，使民心不亂。是以聖人之治，虛其心，實其腹，弱其志，強其骨。常使民無知無欲。使夫智者不敢為也。為無為，則無不治。

第四章

道沖，而用之或不盈。淵兮，似萬物之宗，挫其銳，解其紛，和其光，同其塵，湛兮似或存。吾不知誰之子，象帝之先。

第五章

天地不仁，以萬物為芻狗；聖人不仁，以百姓為芻狗。天地之間，其猶橐籥乎！虛而不屈，動而愈出。多言數窮，不如守中。

第六章

谷神不死，是謂玄牝。玄牝之門，是謂天地根。綿綿若存，用之不勤。

第七章

天長地久。天地所以能長且久者，以其不自生，故能長生。是以聖人後其身而身先，外其身而身存。非以其無私邪？故能成其私。

第八章

上善若水。水善利萬物而不爭，處眾人之所惡，故幾於道。居善地，心善淵，與善仁，言善信，政善治，事善能，動善時。夫唯不爭，故無尤。

第九章

持而盈之，不如其已；揣而銳之，不可長保。金玉滿堂，莫之能守；富貴而驕，自遺其咎。功成身退，天之道。

第十章

載營魄抱一，能無離乎？專氣致柔，能嬰兒乎？滌除玄覽，能無疵乎？愛國治民，能無為乎？天門開闔，能為雌乎？明白四達，能無知乎？生之畜之，生而不有，為而不恃，長而不宰，是謂玄德。

第十一章

三十輻，共一轂，當其無，有車之用。埏埴以為器，當其無，有器之用。鑿戶牖以為室，當其無，有室之用。故有之以為利，無之以為用。

第十二章

五色令人目盲；五音令人耳聾；五味令人口爽；馳騁畋獵，令人心發狂；難得之貨，令人行妨。是以聖人為腹不為目，故去彼取此。

第十三章

寵辱若驚，貴大患若身。何謂寵辱若驚？寵為下，得之若驚，失之若驚，是謂寵辱若驚。何謂貴大患若身？吾所以有大患者，為吾有身，及吾無身，吾有何患？故貴以身為天下，若可寄天下；愛以身為天下，若可託天下。

第十四章

視之不見，名曰夷；聽之不聞，名曰希；搏之不得，名曰微。此三者不可致詰，故混而為一。其上不皦，其下不昧，繩繩兮不可名，復歸於無物。是謂無狀之狀，無物之象，是謂惚恍。迎之不見其首，隨之不見其後。執古之道，以御今之有。能知古始，是謂道紀。

第十五章

古之善為道者，微妙玄通，深不可識。夫唯不可識，故強為之容。豫兮若冬涉川，猶兮若畏四鄰，儼兮其若客，渙兮若冰之將釋，敦兮其若樸，曠兮其若谷，渾兮其若濁。孰能濁以靜之徐清？孰能安以動之徐生？保此道者不欲盈。夫唯不盈，故能蔽而新成。

第十六章

致虛極，守靜篤。萬物並作，吾以觀復。夫物芸芸，各復歸其根。歸根曰靜，靜曰復命。復命曰常，知常曰明。不知常，妄作凶。知常容，容乃公，公乃全，全乃天，天乃道，道乃久，沒身不殆。

第十七章

太上，不知有之；其次，親而譽之；其次，畏之；其次，侮之。信不足焉，有不信焉。悠兮，其貴言。功成，事遂，百姓皆謂：我自然。

第十八章

大道廢，有仁義；智慧出，有大偽；六親不和，有孝慈；國家昏亂，有忠臣。

第十九章

絕聖棄智，民利百倍；絕仁棄義，民復孝慈；絕巧棄利，盜賊無有。此三者以為文，不足。故令有所屬：見素抱樸，少私寡欲。

第二十章

絕學無憂。唯之與阿，相去幾何？美之與惡，相去若何？人之所畏，不可不畏。荒兮，其未央哉！眾人熙熙，如享太牢，如春登台。我獨泊兮其未兆，如嬰兒之未孩。儽儽兮，若無所歸。眾人皆有餘，而我獨若遺。我愚人之心也哉，沌沌兮！俗人昭昭，我獨昏昏。俗人察察，我獨悶悶。澹兮其若海，飂兮若無止。眾人皆有以，而我獨頑且鄙。我獨異於人，而貴食母。

第二十一章

孔德之容，唯道是從。道之為物，唯恍唯惚。惚兮恍兮，其中有象。恍兮惚兮，其中有物。窈兮冥兮，其中有精。其精甚真，其中有信。自今及古，其名不去，以閱眾甫。吾何以知眾甫之狀哉？以此。

第二十二章

曲則全，枉則直，窪則盈，敝則新，少則得，多則惑。是以聖人抱一為天下式。不自見，故明；不自是，故彰；不自伐，故有功；不自矜，故長。夫唯不爭，故天下莫能與之爭。古之所謂曲則全者，豈虛言哉！誠全而歸之。

第二十三章

希言自然。故飄風不終朝，驟雨不終日。孰為此者？天地。天地尚不能久，而況於人乎？故從事於道者，同於道；德者，同於德；失者，同於失。同於道者，道亦樂得之；同於德者，德亦樂得之；同於失者，失亦樂得之。信不足焉，有不信焉。

第二十四章

企者不立，跨者不行。自見者不明，自是者不彰，自伐者無功，自矜者不長。其於道也，曰：餘食贅行。物或惡之，故有道者不處。

第二十五章

有物混成，先天地生。寂兮寥兮，獨立而不改，周行而不殆，可以為天下母。吾不知其名，字之曰道，強為之名曰大。大曰逝，逝曰遠，遠曰反。故道大，天大，地大，人亦大。域中有四大，而人居其一焉。人法地，地法天，天法道，道法自然。

第二十六章

重為輕根，靜為躁君。是以聖人終日行不離輜重，雖有榮觀，燕處超然。奈何萬乘之主，而以身輕天下？輕則失根，躁則失君。

第二十七章

善行無轍跡，善言無瑕讁，善數不用籌策，善閉無關楗而不可開，善結無繩約而不可解。是以聖人常善救人，故無棄人；常善救物，故無棄物。是謂襲明。故善人者，不善人之師；不善人者，善人之資。不貴其師，不愛其資，雖智大迷。是謂要妙。

第二十八章

知其雄，守其雌，為天下谿。為天下谿，常德不離，復歸於嬰兒。知其白，守其黑，為天下式。為天下式，常德不忒，復歸於無極。知其榮，守其辱，為天下谷。為天下谷，常德乃足，復歸於樸。樸散則為器，聖人用之，則為官長，故大制不割。

第二十九章

將欲取天下而為之，吾見其不得已。天下神器，不可為也，不可執也。為者敗之，執者失之。故物或行或隨，或歔或吹，或載或羸，或挫或隳。是以聖人去甚，去奢，去泰。

第三十章

以道佐人主者，不以兵強天下。其事好還。師之所處，荊棘生焉。大軍之後，必有凶年。善者果而已，不敢以取強。果而勿矜，果而勿伐，果而勿驕。果而不得已，果而勿強。物壯則老，是謂不道，不道早已。

第三十一章

夫佳兵者，不祥之器，物或惡之，故有道者不處。君子居則貴左，用兵則貴右。兵者，不祥之器，非君子之器，不得已而用之，恬淡為上。勝而不美，而美之者，是樂殺人。夫樂殺人者，則不可得志於天下矣。吉事尚左，凶事尚右。偏將軍居左，上將軍居右，言以喪禮處之。殺人之眾，以悲哀泣之，戰勝以喪禮處之。

第三十二章

道常無名，樸，雖小，天下莫能臣。侯王若能守之，萬物將自賓。天地相合，以降甘露，民莫之令而自均。始制有名，名亦既有，夫亦將知止，知止所以不殆。譬道之在天下，猶川谷之於江海。

第三十三章

知人者智，自知者明。勝人者有力，自勝者強。知足者富，強行者有志。不失其所者久，死而不亡者壽。

第三十四章

大道氾兮，其可左右。萬物恃之以生而不辭，功成而不有，衣養萬物而不為主。常無欲，可名於小；萬物歸焉而不為主，可名為大。以其終不自為大，故能成其大。

第三十五章

執大象，天下往。往而不害，安平泰。樂與餌，過客止。道之出口，淡乎其無味，視之不足見，聽之不足聞，用之不足既。

第三十六章

將欲歙之，必故張之；將欲弱之，必故強之；將欲廢之，必故興之；將欲奪之，必故與之。是謂微明。柔弱勝剛強。魚不可脫於淵，國之利器不可以示人。

第三十七章

道常無為而無不為。侯王若能守之，萬物將自化。化而欲作，吾將鎮之以無名之樸。無名之樸，夫亦將無欲。不欲以靜，天下將自定。

第三十八章

上德不德，是以有德；下德不失德，是以無德。上德無為而無以為，下德無為而有以為。上仁為之而無以為，上義為之而有以為。上禮為之而莫之應，則攘臂而扔之。故失道而後德，失德而後仁，失仁而後義，失義而後禮。夫禮者，忠信之薄，而亂之首。前識者，道之華，而愚之始。是以大丈夫處其厚，不居其薄；處其實，不居其華。故去彼取此。

第三十九章

昔之得一者：天得一以清，地得一以寧，神得一以靈，谷得一以盈，萬物得一以生，侯王得一以為天下貞。其致之？天無以清將恐裂，地無以寧將恐發，神無以靈將恐歇，谷無以盈將恐竭，萬物無以生將恐

滅，侯王無以貴高將恐蹶。故貴以賤為本，高以下為基。是以侯王自謂孤、寡、不穀，此非以賤為本邪？非乎？故致譽無譽。不欲琭琭如玉，珞珞如石。

第四十章

反者，道之動；弱者，道之用。天下萬物生於有，有生於無。

第四十一章

上士聞道，勤而行之；中士聞道，若存若亡；下士聞道，大笑之。不笑不足以為道。故建言有之：明道若昧，進道若退，夷道若纇，上德若谷，大白若辱，廣德若不足，建德若偷，質真若渝，大方無隅，大器晚成，大音希聲，大象無形。道隱無名。夫唯道，善貸且成。

第四十二章

道生一，一生二，二生三，三生萬物。萬物負陰而抱陽，沖氣以為和。人之所惡，唯孤、寡、不穀，而王公以為稱。故物或損之而益，或益之而損。人之所教，我亦教之。強梁者不得其死，吾將以為教父。

第四十三章

天下之至柔，馳騁天下之至堅。無有入無間，吾是以知無為之有益。不言之教，無為之益，天下希及之。

第四十四章

名與身孰親？身與貨孰多？得與亡孰病？是故甚愛必大費，多藏必厚亡。知足不辱，知止不殆，可以長久。

第四十五章

大成若缺，其用不弊。大盈若沖，其用不窮。大直若屈，大巧若拙，大辯若訥。靜勝躁，寒勝熱。清靜為天下正。

第四十六章

天下有道，卻走馬以糞。天下無道，戎馬生於郊。禍莫大於不知足，咎莫大於欲得。故知足之足，常足矣。

第四十七章

不出戶，知天下；不窺牖，見天道。其出彌遠，其知彌少。是以聖人不行而知，不見而明，不為而成。

第四十八章

為學日益，為道日損。損之又損，以至於無為。無為而無不為。取天下常以無事，及其有事，不足以取天下。

第四十九章

聖人常無心，以百姓心為心。善者吾善之，不善者吾亦善之，德善。信者吾信之，不信者吾亦信之，德信。聖人在天下，歙歙焉，為天下渾其心，百姓皆注其耳目，聖人皆孩之。

第五十章

出生入死。生之徒，十有三；死之徒，十有三；人之生，動之於死地，亦十有三。夫何故？以其生之厚。蓋聞善攝生者，陸行不遇兕虎，入軍不被甲兵。兕無所投其角，虎無所措其爪，兵無所容其刃，夫何故？以其無死地。

第五十一章

道生之，德畜之，物形之，勢成之。是以萬物莫不遵道而貴德。道之尊，德之貴，夫莫之命而常自然。故道生之，德畜之，長之育之，亭之毒之，養之覆之。生而不有，為而不恃，長而不宰。是謂玄德。

常。

第五十二章

天下有始，以為天下母。既得其母，以知其子；既知其子，復守其母，沒身不殆。塞其兌，閉其門，終身不勤。開其兌，濟其事，終身不救。見小曰明，守柔曰強。用其光，復歸其明，無遺身殃。是謂襲常。

第五十三章

使我介然有知，行於大道，唯施是畏。大道甚夷，而民好徑。朝甚除，田甚蕪，倉甚虛；服文采，帶利劍，厭飲食，財貨有餘，是謂盜夸。非道也哉！

第五十四章

善建者不拔，善抱者不脫，子孫以祭祀不輟。修之於身，其德乃真；修之於家，其德乃餘；修之於鄉，其德乃長；修之於邦，其德乃豐；修之於天下，其德乃普。故以身觀身，以家觀家，以鄉觀鄉，以邦觀邦，以天下觀天下。吾何以知天下然哉？以此。

第五十五章

含德之厚，比於赤子。毒蟲不螫，猛獸不據，攫鳥不搏。骨弱筋柔而握固。未知牝牡之合而朘作，精之至也。終日號而不嗄，和之至也。知和曰常，知常曰明。益生曰祥。心使氣曰強。物壯則老，謂之不道，不道早已。

第五十六章

知者不言，言者不知。塞其兌，閉其門，挫其銳，解其紛，和其光，同其塵，是謂玄同。故不可得而親，不可得而疏；不可得而利，不可得而害；不可得而貴，不可得而賤。故為天下貴。

第五十七章

以正治國，以奇用兵，以無事取天下。吾何以知其然哉？以此。天下多忌諱，而民彌貧；民多利器，國家滋昏；人多伎巧，奇物滋起；法令滋彰，盜賊多有。故聖人云：我無為而民自化，我好靜而民自正，我無事而民自富，我無欲而民自樸。

第五十八章

其政悶悶，其民淳淳；其政察察，其民缺缺。禍兮福之所倚，福兮禍之所伏。孰知其極？其無正。正復為奇，善復為妖。人之迷，其日固久。是以聖人方而不割，廉而不劌，直而不肆，光而不耀。

第五十九章

治人事天，莫若嗇。夫為嗇，是謂早服。早服謂之重積德，重積德則無不克，無不克則莫知其極。莫知其極，可以有國；有國之母，可以長久。是謂深根固柢，長生久視之道。

第六十章

治大國，若烹小鮮。以道蒞天下，其鬼不神；非其鬼不神，其神不傷人；非其神不傷人，聖人亦不傷人。夫兩不相傷，故德交歸焉。

第六十一章

大國者下流，天下之交。天下之牝，牝常以靜勝牡，以靜為下。故大國以下小國，則取小國；小國以下大國，則取大國。故或下以取，或下而取。大國不過欲兼畜人，小國不過欲入事人。夫兩者各得所欲，大者宜為下。

第六十二章

道者，萬物之奧。善人之寶，不善人之所保。美言可以市尊，美行可以加人。人之不善，何棄之有？故立天子，置三公，雖有拱璧以先駟馬，不如坐進此道。古之所以貴此道者何？不曰：求以得，有罪以免邪？故為天下貴。

第六十三章

為無為，事無事，味無味。大小多少，報怨以德。圖難於其易，為大於其細。天下難事，必作於易；天下大事，必作於細。是以聖人終不為大，故能成其大。夫輕諾必寡信，多易必多難。是以聖人猶難之，故終無難矣。

第六十四章

其安易持，其未兆易謀，其脆易泮，其微易散。為之於未有，治之於未亂。合抱之木，生於毫末；九層之台，起於累土；千里之行，始於足下。為者敗之，執者失之。是以聖人無為故無敗，無執故無失。民之從事，常於幾成而敗之。慎終如始，則無敗事。是以聖人欲不欲，不貴難得之貨；學不學，復眾人之所過。以輔萬物之自然，而不敢為。

第六十五章

古之善為道者，非以明民，將以愚之。民之難治，以其智多。故以智治國，國之賊；不以智治國，國之福。知此兩者亦稽式。常知稽式，是謂玄德。玄德深矣遠矣，與物反矣，然後乃至大順。

第六十六章

江海所以能為百谷王者，以其善下之，故能為百谷王。是以聖人欲上民，必以言下之；欲先民，必以身後之。是以聖人處上而民不重，處前而民不害。是以天下樂推而不厭。以其不爭，故天下莫能與之爭。

第六十七章

天下皆謂我道大，似不肖。夫唯大，故似不肖。若肖，久矣其細也夫。我有三寶，持而保之。一曰慈，二曰儉，三曰不敢為天下先。慈故能勇，儉故能廣，不敢為天下先，故能成器長。今捨慈且勇，捨儉且廣，捨後且先，死矣！夫慈，以戰則勝，以守則固。天將救之，以慈衛之。

第六十八章

善為士者不武，善戰者不怒，善勝敵者不與，善用人者為之下。是謂不爭之德，是謂用人之力，是謂配天，古之極。

第六十九章

用兵有言：「吾不敢為主，而為客；不敢進寸，而退尺。」是謂行無行，攘無臂，扔無敵，執無兵。禍莫大於輕敵，輕敵幾喪吾寶。故抗兵相加，哀者勝矣。

第七十章

吾言甚易知，甚易行。天下莫能知，莫能行。言有宗，事有君。夫唯無知，是以不我知。知我者希，則我者貴。是以聖人被褐懷玉。

第七十一章

知，不知，上；不知，知，病。聖人不病，以其病病。夫唯病病，是以不病。

第七十二章

民不畏威，則大威至。無狎其所居，無厭其所生。夫唯不厭，是以不厭。是以聖人自知不自見，自愛不自貴。故去彼取此。

第七十三章

勇於敢則殺，勇於不敢則活。此兩者，或利或害。天之所惡，孰知其故？是以聖人猶難之。天之道，不爭而善勝，不言而善應，不召而自來，繟然而善謀。天網恢恢，疏而不失。

第七十四章

民不畏死，奈何以死懼之？若使民常畏死，而為奇者，吾得執而殺之，孰敢？常有司殺者殺。夫代司殺者殺，是謂代大匠斲。夫代大匠斲者，希有不傷其手矣。

第七十五章

民之飢，以其上食稅之多，是以飢。民之難治，以其上之有為，是以難治。民之輕死，以其上求生之厚，是以輕死。夫唯無以生為者，是賢於貴生。

第七十六章

人之生也柔弱，其死也堅強。萬物草木之生也柔脆，其死也枯槁。故堅強者死之徒，柔弱者生之徒。是以兵強則不勝，木強則兵。強大處下，柔弱處上。

第七十七章

天之道，其猶張弓與！高者抑之，下者舉之；有餘者損之，不足者補之。天之道，損有餘而補不足。人之道，則不然，損不足以奉有餘。孰能有餘以奉天下？唯有道者。是以聖人為而不恃，功成而不處，其不欲見賢。

第七十八章

天下莫柔弱於水，而攻堅強者莫之能勝，以其無以易之。弱之勝強，柔之勝剛，天下莫不知，莫能行。是以聖人云：「受國之垢，是謂社稷主；受國不祥，是為天下王。」正言若反。

第七十九章

和大怨，必有餘怨，安可以為善？是以聖人執左契，而不責於人。有德司契，無德司徹。天道無親，常與善人。

第八十章

小國寡民，使有什伯之器而不用，使民重死而不遠徙。雖有舟輿，無所乘之；雖有甲兵，無所陳之。使民復結繩而用之。甘其食，美其服，安其居，樂其俗。鄰國相望，雞犬之聲相聞，民至老死不相往來。

第八十一章

信言不美，美言不信。善者不辯，辯者不善。知者不博，博者不知。聖人不積，既以為人已愈有，既以與人已愈多。天之道，利而不害；聖人之道，為而不爭。

古學今用 130

〈這就是〉老子

海鴿文化出版圖書有限公司
Seadove Publishing Company Ltd.

作者　秦榆
美術構成　騾賴耙工作室
封面設計　斐類設計工作室
發行人　羅清維
企畫執行　張緯倫、林義傑
責任行政　陳淑貞

出版　海鴿文化出版圖書有限公司
出版登記　行政院新聞局局版北市業字第780號
發行部　台北市信義區林口街54-4號1樓
電話　02-27273008
傳真　02-27270603
e - mail　seadove.book@msa.hinet.net

總經銷　創智文化有限公司
住址　新北市土城區忠承路89號6樓
電話　02-22683489
傳真　02-22696560
網址　www.booknews.com.tw

香港總經銷　和平圖書有限公司
住址　香港柴灣嘉業街12號百樂門大廈17樓
電話　（852）2804-6687
傳真　（852）2804-6409

出版日期　2019年10月01日　三版一刷
特價　350元
郵政劃撥　18989626　戶名：海鴿文化出版圖書有限公司

國家圖書館出版品預行編目資料

中國第一經：老子／秦榆作.--
二版，-- 臺北市 ： 海鴿文化，2019.10
面 ；　公分. -- （古學今用；130）
ISBN 978-986-392-291-9（平裝）

1. 道德經　2. 注釋

121.311　　108014932